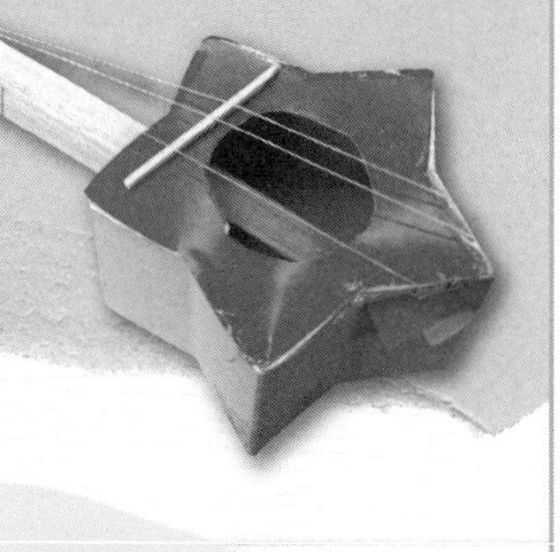

手軽でカンタン！
子どもが夢中になる！

筑波の図画工作
言葉かけ
題材ネタ51

筑波大学附属小学校図画工作科教育研究部
仲嶺 盛之・北川 智久・笠　雷太 著

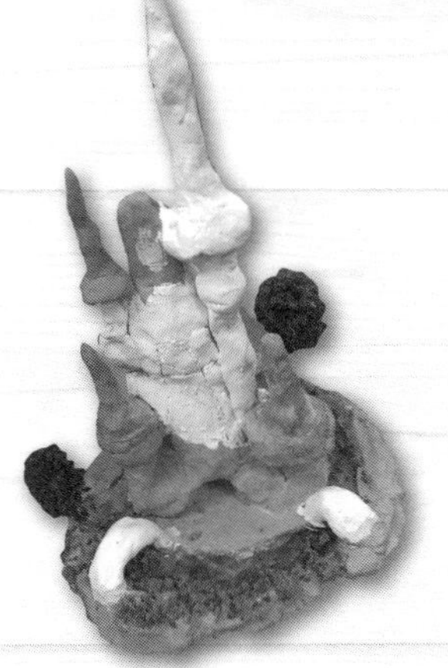

明治図書

はじめに

2017年３月に発刊しました『手軽でカンタン！子どもが夢中になる！筑波の図画工作　指導アイデア＆題材ネタ50』は，おかげさまで発行１年半で６回目の重版を迎えました。ベテランの先生にも，若い世代の先生にも手に取っていただける本になったことをうれしく思います。大学のテキストとしても使用していただけたとうかがい，頭が下がる思いです。

今回は，その続編を刊行させていただく運びとなりました。

「今日の授業，あのタイミングの先生の言葉かけで子どもの目が輝きましたね」

「あの子のつぶやきを全体に問い返す絶妙な言葉かけが授業を変化させましたね」

「はじめから全部指示せずに，子どもとのやり取りの中から授業をつくりだすってすてきですね」

私たちの学校では，年に２回の公開研究授業を行っています。その中では，指導案からだけでは分からない，教師の「言葉かけ」が授業のターニングポイントになっていることがよくあります。私たちが意識して発する言葉かけや，いつものやり取りの中の何気ない言葉かけにも，参観者から質問や感想をいただきます。授業で使う言葉の内容やタイミングにポイントがあるということを，授業を参観してくださる先生方に改めて教えていただきました。

そこで，本書では「教師の言葉かけ」にスポットを当ててみました。

「言葉かけ」を視点として書き起こしてみると，意図的に行っていた言葉かけが類型化されたり，他に転用できそうだと気付かされたりしました。本書を手に取ったみなさまにも，ぜひ日常の授業の中での言葉かけのヒントとしていただければ幸いです。

2019年１月

筑波大学附属小学校図画工作科教育研究部　**仲嶺盛之　北川智久　笠　雷太**

CONTENTS

第1章

子どもを夢中にさせる！
図画工作の授業ポイント

第2章

カンタン追試！

言葉かけ＆題材ネタ51

造形遊び

絵

工作

立体

映像

第 1 章

子どもを夢中にさせる！
図画工作の授業ポイント

言葉でつなぐ

子どもの言葉の曖昧さをみとる

■子どもたちの言葉をつなげる休み時間

休み時間の教室。子どもたちの緊張がほぐれ，お互いに垣根なく話せるひとときでしょう。子どもたちの話に何気に耳を傾けます。「Ａちゃんの言ってることってこういうこと？…」「いやいやそうじゃなくてさ」「えっじゃこういうことかい…」「違う違う。言い換えるとね…」「なるほど。だとしたら〇〇も考えられるよね」。このような１往復半以上の互いのやり取りが続きます。話を聞きつけた周りの子たちも１人２人と参加していきます。話し始めた子は思いを伝えるのに苦慮しているようなそぶりも見せますが，それでも笑顔いっぱいで互いの言葉の曖昧さを楽しんでいるようにも思えます。

■曖昧さを楽しむ子どもたちの対話

子どもたちの言葉のやり取りは，伝えたいことが一度ではっきりする場合は少ないと思います。だから何度も同じことを話します。伝わらないと何とか違う言葉で置き換えます。もっと仲間の声を聴きたくなり更に関わりたくなります…。

必死に仲間に思いを伝える

子どもたちが本当にやりたい「対話」は，主体者としての立ち位置。その営みは自分たちにとっての正しさをつくる過程です。言葉の意味を正しく知ることも大切です。教師は教えたがりですから，傍からついつい口出ししてしまいます。そこはぐっと子どもたちに任せて，子どもたちの言葉をつくり上げる過程に寄り添うのも教師の手立て。お互いに曖昧さをぶつけ合う中，初めて出会った言葉があれば，子どもたちにはそれこそ懸命に説明し教え合います。話している内容は最初は曖昧で未熟な解釈をしていても，いずれは分かるであろう事柄であればそこをみとってあげることも教師の仕事ではないでしょうか。「対話」をしている行為そのもの，瞬間瞬間こそがかけがえのないものでしょう。子どもに意味を聞かれたら応えてあげる距離感くらいでいいと思います。論理的に考え説明する力は，言葉を出す中でこそ培われるものです。

精神分析家のジャック・ラカンは「コミュニケーションを創るのは誤解の余地である」と言っています。人は曖昧であればあらゆる手段で必死にコミュニケーションしようとするものです。子どもたちなら尚更でしょう。子どもたちの「対話」する力に培うために，まずは子どもたちの言葉一つ一つを聞くことから始めたいと思います。

（仲嶺）

言葉でつなぐ

絵から言葉をみとる

■1年生の子どもの絵

ある低学年の子どもが日記に描いた母親と自分の絵です（写真）。危ないことをしてしまい叱られたのだとのことでした。その子の両手は母親のエプロンをぎゅっと握りしめています。笑顔で子どもを抱くお母さんです。この絵を日記に描いた子どもを，保護者との懇談の場で大いにほめました。「こんな稚拙な絵を」との母親の声でしたが，この絵から担任の自分が感じた幸せを話しました。悲しくもうれしい微妙な子ども自らの感情を，必死に担任に伝えてくれたであろう思い，親への感謝の思いなどです。

子どもが日記に描いた絵

子どもたちにとっての絵を描くことの意味や価値は何でしょう。その1つは周りとのかけがえのないコミュニケーションでしょう。言葉を発しなくても十分伝えることのできる絵の力があります。授業においても，絵の指導を通して子どもたちの思いや願いに寄り添い，その豊かな感性を培いたいと思います。

■絵の指導課題

「子どもの絵が小さい①」「構図が単調②」「絵の具の塗り方が下手③」「そもそも指導する自分の絵が下手④」……。研修会等で聞かれる，絵の指導における先生方の声です。懸命に子どもに向き合い，教師として指導力をあげたい必死な思いが見えます。

しかしながら大切にすべきは図画工作での絵の指導を通して，どのような「資質能力」の育ちをみとるのかということです。絵の描かせ方の指導も大切ですが，前述で挙げた課題は，子どもたちの創造性を培う図画工作の，ある一面から見た絵の指導課題ではないだろうかと思います。それぞれ見方を変えると次のようなことがいえるのではないでしょうか。

①我々大人でも普段描き，見る絵は程よく小さい絵がほとんど
②単調な構図だからこそ，分かりやすく伝わりやすい場合が多い
③大雑把な色の塗り方がかえって勢いを感じさせることもある
④絵が下手という概念は，どこから，誰から見た基準なのか曖昧な感覚

もちろん上記は私見です。しかしむしろ，全てそれらが魅力である絵は世に多いと思います。授業においては，一面的な見方，考え方で子どもの絵を見るのではなく，作品から見えるその子らしさ，その子にしか感じ得ないみずみずしさなどを分かち合えればと思います。　（仲嶺）

言葉でつなぐ

子どもたちの想像力を育てる

■はじめに

授業で子どもたちの想像力を育てるために，例えば好きな本を読んだときの感動などを描かせる題材があります。文章を読んでその主題に迫らせ，心のうちに沸き上がった感動のような抽象的な概念を絵に表すことは，考えてみると大人でもすぐには難しいでしょう。そもそもなぜ形と色など造形要素から思考する力を培う図画工作のねらいに，物語の主題や感動を重ねるのか考えてみる必要があるかと思います。

■子どもたちが想像して描きたくなる

それでは図画工作の授業において，子どもたちが想像したことを形と色などで表したくなるのはどんなときでしょう。例えば次のような状況でしょうか。

①描く形や色など，教師から具体的なイメージをもたされている

②描き方がある程度提示され，例えば共通してこのやり方から始めるのだという明確な道筋が子どもたちに見えている

③お互いの成果を鑑賞するときの視点の共有があり，互いの違いが分かりやすい

授業においては一人一人が自分なりの答えを導き出していくために，互いの比較検討ができるよう共通した指針，共通土台が必要です。

例えば中学年での鑑賞と表現を行き来させる活動です。形に特化して「うれしい気持ちはどんな線？」の発問で考えさせてみます。同じ言葉（うれしい）から発想・構想しても全く同じ線の形は２人といません。なぜこの形になったのかその根拠を互いに交流させます。すると似たような線でも，実は一人一人がもっている言葉のイメージは微妙に違うことが分かります。一人一人の答えをつくる図画工作ならではのよさを，子どもたちも感じてくれる場となりました。

■授業において

下記のような，子どもたちみんなが知っている共通な本を使った取組は，楽しんで取り組んでくれました。

①『○○ーポッター』を色で表すと何色かな？　その理由は？　次にその色だけ使って，今度は『○○ーポッター』を線で表してみますよ。どんな線になるかな。

②『ズッ○○三人○』の三人を○，△，□だとするとそれぞれどれになるかな？　なぜかな？

③あなたの心の中の『100かい○○の○○』，何が住んでいますか？　何をしているかな。（仲嶺）

言葉でつなぐ

子どもの姿から思いや願いを読み取る

■子どもはホントに話したいのか？　聞きたいのか？　見たいのか？

鑑賞の場面を授業の終末に時間をとります。教師には子どもたちお互いに評価し合い学び合ってもらいたいとの願いがあります。でもそれは時に教師の都合であり，肝心の子どもたちはその必要性を感じていないかもしれません。大抵の場合その時間帯には既に誰がどんなものをつくったかは，子どもたちは分かっています。「そんなこと分かっている。それ以上のものを僕もつくりたいんだ」。それが本音でしょう。子どもたちにとってただでさえ時間が足りないのですから。低学年ほどそのような姿は顕著かと思います。

■子どもが見たくなる場の仕掛け

「今日は先生の話はここまで。最初だけだよ。ここから先はノンストップで行くぞ」。たまたま1時間しか授業時間がとれない日のことでした。子どもたちは大喜び。その日の子どもたちはそれぞれ自分の目標に，いつも以上に集中し燃えた日となりました。短い時間だったからかもしれませんが，この時いかに教師の言葉に子どもが付き合ってくれていたのか分かった気がしました。思い切ってオープンエンドな授業もどうでしょうか。「先生，今日はみんなで集まって見たいんだけどな」「みんなの話，聞きたいんだけどな」「みんなに話したいんだけどな」。そのような一斉鑑賞の場を求めるリクエストがあるくらいのほうがいいのかもしれません。

■子どもが見たくなる作品の仕掛けを

時計だよ。すごいな（M子）

ちり取りの中に
ごみが入るよ（M子）

子どもたちが仲間の作品を見たくなる題材なら，自然な鑑賞の場が活性化します。特に動きのある工作は子どもたちも大好きですね。写真右は磁石でクリップをパタパタ動かすことから発想する低学年の活動場面です。「なるほど，これだったら○○もできそうだな」「自分ならこうするな」。材料が画用紙なので何度もやり直しがききます。仲間の作品を見て得たヒントをすぐに自分の作品に生かすことができます。M子は，自分なりの考えを深めることができました。「つくるのもいいけど見ることも好きだな」と，子どもたち自身に見ることの必要性を実感させたいと思います。

（仲嶺）

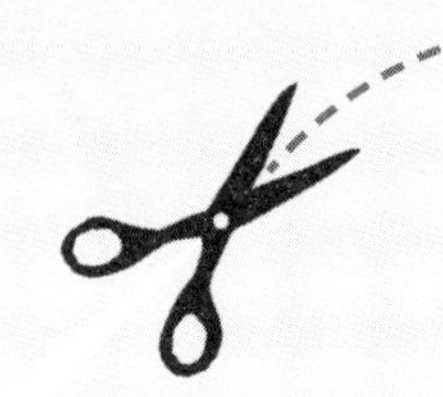

言葉でつなぐ

言葉でつながる子どもをみとる

■言葉でつながる子どもたち

言葉で伝わらないからこそ形や色で伝える力，図画工作で培う力です。形や色のコミュニケーションは，言葉よりもはるか昔から人間に備わっていた原始的な本能。言葉のほうがはるかに新しい文化です。一人一人の感覚からくる形や色の曖昧な世界を，言葉によってより共有・共感できる力を手に入れたということです。子どもたちの作品をみとり，評価することはもちろんですが，子どもたちが互いに高め合い支え合おうとする言葉をみとりたいものです。

■自分の作品

子どもたちの作品のよさ・面白さは，つくった本人はよく分からないものです。懸命に考え抜いてできたこともあるけれども，やりたいようにやってみたらこうなった，そこを教師や仲間が価値付け評価してくれたというのが実は多いと思います。教師や仲間がそばにいてこそ，自分のつくった作品に本当の価値や意味が生まれるのかもしれませんね。「わぁ！　君が描いたの！　高い青空だね！」「ああ自分の作品はそう見えるのか。じゃこうしたらどうかな」と，仲間や教師が自分のこだわりを認めてくれるから次を考えます。そして，仲間のこだわりも見つけてあげたい，自分も仲間の笑顔に関わりたいとの願いに昇華していくのではないでしょうか。お互いを評価し合う言葉を発したとき，「A君，今の言葉よかったぞ。B子ちゃんうれしそうだよ」「今の君のアドバイスは先生よりもよく友達の作品見てるね」。そのような教師の一言が子どもたちを互いに評価し合い支え合う集団に向かわせます。

【仲間の評価】君の作品楽しい

■子どもに考えさせる言葉

授業において，教師が先に言葉を発し指導することは簡単です。子ども同士で考えさせ高め合う場にするために，あえて教師の「待ち」の姿勢も大事です。例えば下記のような子どもたちに考えさせる言葉です。「今もし君たちが先生だったとしたら，みんなに何て言うかな」「C子ちゃんは今何に困っているのかな」「D君が今言ったことを自分の言葉で言える人いますか？」「今あなたがE君だったら何て答えるかな」。このような言葉を発問の間に意識的に挟んでいくと，授業が締まってきます。

（仲嶺）

言葉でつなぐ

子どもの日記をみとる

■子どもたちの感覚

子どもたちのみずみずしい感覚は，しばしば我々教師の予想を超えることがあります。よく授業づくりの視点で，「見えていて見えていないところを，子どもに気付かせる」と言うことがあります。裏返せば我々大人には見えない気付かない形や色の世界があり，子どもたちの感覚だからこそ感じ取る世界もあるのだということです。実は子どもたちだからこそ気付いていることが多々あります。目の前の子どもたちの立場で教師自身が振り返ることが大切です。

■子どもの言葉を大切にみとる

高学年での絵画指導の場のことです。「コップなどの透けて見える『透明感』は果たして絵に表すことができるのか」を課題とした実践です（注）。教師の投げかけに子どもたちは議論しました。「コップの形を描いて，水色に塗れば透明に見えるのではないかな」「いやいや僕のところからはコップの向こう側にAちゃんたちが見えるよ。透けて見える向こう側を描けばいいんじゃないかな」「コップの中に見える景色は少しずれて見えるよ」…。机に置かれたコップをじっくりと見て考えた子どもたちは，それぞれ自分の課題解決の見通しをもちました。今まで何気なく見ていたであろう透明なコップ。改めて絵に描く視点から見直したことで，新しい発見につながります。一人一人の課題に寄り添うことも言葉のやり取りからです。

下記，Y子のワークシートからです。「コップの透明感を出す。友達はガラスの奥に見える色を薄く塗ると言うけど，私はそれではないと思った。コップの向こうの色は薄くではなく，全く違う色に私は見えた。コップの奥に見える机の色。その色をどうしても出したかった。いろいろと試した。混ぜる絵の具，水加減，塗り方，友達に『セメントの色みたいだ』と言われながらも何度もつくり直した…『これだ』と思う色ができた。やった。今日の授業は，今までで一番勉強になったと思った」

「透明感」を表すために，形と色を通して自分に問い続けたことが，Y子の何よりの喜びにつながったことが分かります。授業においては，教師の課題提示から自分の「問い」に高まって初めて，子ども一人一人の深い学びといえます。その過程の葛藤を経てこそ，一人一人の課題解決から成就感となるのでしょう。結果よりも過程が大切なのは，Y子のような子どもたちの言葉から分かります。

※注　題材「透明感を考えよう」筑波大学附属小学校図画工作科教育研究部『手軽でカンタン！子どもが夢中になる！筑波の図画工作　指導アイデア & 題材ネタ50』（明治図書）をご参照ください

（仲嶺）

授業で広げる

手ざわりで感じる・考える

■見ただけでは伝わらないよさを伝える

図画工作で特に大切なのは，形，色，そして材質感です。視覚からの情報が大変強い図画工作ですが，材質感を肌感覚など体の諸感覚で感じ取ることは非常に大切なことです。そのためには，まずさわってみることです。手は第二の目です。「さわって・見る」ですね。

■質感の変化を味わう「さわりごこちを比べてみよう」

本書第２章の「お花紙カラフルシート」では，導入時にお花紙シートにふれさせることを織り込んでいます。もともとのお花紙はふわふわして柔らかい感触ですが，PVA 洗濯のりをしみさせて乾燥させたシートはツルっとしてしっかりした感触に変わっています。表面に光沢が感じられるのが，目と手で感じられます。この質感の変化を感じ取ることが活動を見通す視点をもたせる重要な第一歩になるのです。

■土粘土の丁度よい硬さ・さわりごこちとは

土粘土で立体表現をするときには，ぐっと握るとひねり出しができるくらいの柔らかい状態が適しています。一般的にいえば，これが土粘土の丁度よい硬さなのでしょう。

カチカチのテラコッタ粘土を砕いて水でこね直そう

土粘土は，ドロドロ状態で手ざわりを楽しむこともできます。焼き物の器を板づくりでつくる場合には，板状にした粘土をしばらく放置して硬くしてから「どべ」でつなぐこともあります。柔らかいままだと形がゆがむからです。かなり硬くなった土粘土を古い彫刻刀や釘などで削って布で磨くとツヤが出て彫像の体験ができます。カチカチに乾燥した土粘土は砕いたり削ったりすることに向いていますし，削った粉はサラサラして魅力的です。

このような質感の変化は，ふれてみないと本当には分かりません。ぜひ体験させたいものです。例えばテラコッタ粘土の粉末を購入して，少しだけ水を入れてこねてみましょう。硬すぎるからと水を追加すると，今度は柔らかくなりすぎてしまいます。苦労してこねる過程そのものも楽しいし，粉からつくった粘土で遊ぶ感覚が新鮮です。なお，練ってある粘土より粉末粘土のほうがずっと廉価です。

（北川）

授業で広げる

やりながら考える

■下がきや計画線がいらない活動も多い

写真は，カッターナイフで工作をしている２年生です。下がきの線はありません。下がきをすると，少しずれたときに失敗感が生まれますし，消しゴムで消すことは困難です。それに，鉛筆の線は手の震えが出やすいのに比べて，カッターナイフは刃の直進が得意です。だから，この子たちには，「下がきなしで，カッターナイフで絵をかくような気持ちで切ろう」と声をかけました。

工作や立体の活動でイメージスケッチや計画図をかかせる指導を見かけますが，平面にかいた図を立体化することにはギャップがあります。ごく小さく簡単なイメージスケッチで，しかも「計画に縛られないで」と言い添えるならばよいかもしれません。活動内容で向き不向きがあります。

■年齢だけじゃない，「やりながら考える」

「低学年はやってから考える，中学年はやりながら考える，高学年は考えてからやる」という傾向は確かにあります。でも，実際の年齢だけでなく，材料・用具・表現方法の「経験年齢」も加味する必要があります。高学年で初めて金属を扱うのであれば，「やりながら考える」という時間を多くとることが必要です。子どもが試行しながら思考する中にある学びが大切です。

下がきなし。カッターナイフで絵をかくように切り進む

■「試行錯誤」か「試行・試行」か

自分の決めたゴールを目指して試行したことがうまくいかなかったとき，それは失敗（錯誤）でしょうか。子どもの試行は，予想外の結果でも新しい気付きを生むスタートになります。それは，「試行錯誤」というより「試行の連続」です。そのような学びを目指して授業を考えると，私たちの授業づくりが変わっていきます。

（北川）

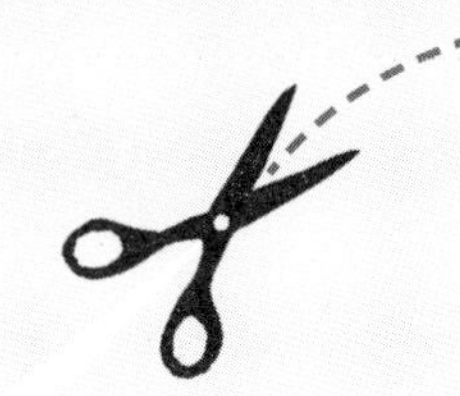

授業で広げる

感じる・試すを大切にする

■何をねらった授業なのかによって言葉かけは変わる

子どもの主体性を伸ばす造形遊びの授業があります。そこでは，作品が生まれることもありますが，作品づくりは必然ではありません。大切なのは，感じて，試して，自分で見つけることです。一方，保護者会で飾るための絵や作品展に飾る作品をつくるという授業もあるでしょう。こちらは，作品を仕上げる必要があります。２つの授業のねらいは異なります。授業には「子どもにどんな力を培いたいか」というねらいがあり，そのための教師の言葉かけも異なります。

■感じる・試すが中心的な授業の言葉かけ

絵の具のフィンガーペインティング，砂遊びなどでは，子どもが感じたことをもとに次の行為を自分で決めて進めていけることが大切です。「遊ぼう」「試そう」「手ざわりはどうかな」など，子どもの感じ方を引き出す言葉がけを多く使います。これは，造形遊びに限りません。例えば，中学年で初めてのこぎりで角材を切る活動がそうです。のこぎりの正しい扱い方を教えた後は，「いい音・いいリズムで切れているかな」「切り口がすべすべだと気持ちいいね」「香りはどうかな」などの言葉をかけて，たくさんの切り方を試させています。初めて道具を扱うときには，『計画的につくる』ということは控えめにして，感じる・試すを中心とした授業にしています。

■高学年では，「遊び」より「実験」「研究」

低学年の造形遊びの授業では，「遊ぼう」「楽しもう」という言葉だけでもどんどん試してどんどん工夫が広がります。高学年では，「この材料で何ができるか実験しよう」「研究しよう」のように言葉かけするようにしています。「造形研究」をしている気分で，失敗を恐れすぎずに試行を重ねる高学年の姿が広がります。時には教師が研究所の所長になりきって，研究員の成果を発表させる場面も…。

何ができるか，実験開始！

（北川）

授業で広げる

「比べる」を指導に生かす

■「比べる」を指導に生かす

「どこが違うでしょう」は，図画工作に限らずどの教科でも使われる言葉かけです。

子どもたちは，比べるのが得意。１つを見て「どこがいいか」を説明できない子も，２つを比べて好きなほうの「どこがいいか」は言えます。比べることで，基準のようなものが生まれるからでしょう。

■自分の作品の中でどれがいいかを比べる

本書第２章の「パスタマシーン版画」では，ハガキサイズの簡単な版画を複数つくり，その中から２つの作品を額に入れています。自分の作品を比べて，ベスト２を選んで机上に飾るのです。その後も版画づくりを繰り返し，「こっちのほうがいい」と，額の作品を入れ替えるようにしました。「何で交換したの」と問うと，「だって，ここの色が重なった感じがさっきより強調できたから」のように，よいと思った形や色などの造形要素を理由に添えて選択できるようになりました。友達も，一緒に比べて意見を言ってくれる場面も多く見られます。「比べる」は「選ぶこと」であり，その理由が言いやすくなる方法です。

■好きな絵を選ぶ

作家の作品から好きな作品を選ぶときにも子どもたちは比べています。一方はこうだけれど，こちらのほうがこう……，というように自分の考えを言いやすくなります。

黒板に６点の美術作品（子どもの作品でもよい）を提示し，比べて分類方法を考えると子どもがいろいろな考えを出し始めます。「明るい⇔暗い」「楽しい⇔悲しい」などは典型です。「音が聞こえる⇔静か」などもよいでしょう。黒板の左右に分けたり，上下にも分けたりし始めます。比べてみると，意見が言いやすくなります。作品の題名は伏せておくほうが先入観がじゃまをしないのでよいようです。子どもの作品の場合は，最後に作者の表現意図を聞くと，「なるほど」「やっぱり」などの反応が生じ，分類が変化することもあります。

「どっちがいいかな」「色が濃いからこっち？」

（北川）

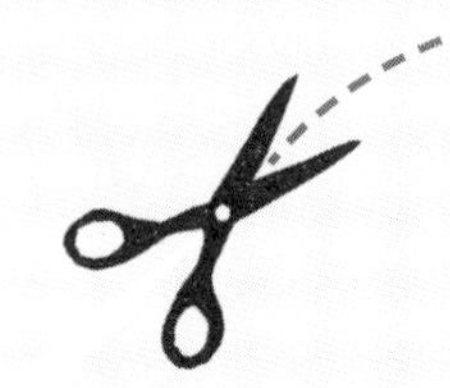

授業で広げる

タブレットPCで見てみる

■デジタルカメラやタブレットPCで撮ると

子どもに自分の作品を自分で撮影させると，「どこから撮ろうかな」と，撮影の方向（＝鑑賞の方向）を考えます。それと同時に，作品をよく見ます。表現モードだった頭が，鑑賞モードに切り替わるのです。カメラでの撮影を子どもに委ねることで，表現と鑑賞をスイッチすることができます。

■鑑賞の方向を決める・四角く切り取る

本書シリーズ『手軽でカンタン！子どもが夢中になる！筑波の図画工作　指導アイデア＆題材ネタ50』の「砂遊びから枯山水へ」では，机上に広がった砂の枯山水庭園をカメラで四角く切り取るように撮影しています。実際の枯山水庭園を室内から鑑賞する場合，廊下やふすまで囲まれた四角い「額縁」を通してながめる庭でもあるからです。全体を見て，部分を見て，を繰り返して視点を決めることが鑑賞の意識を高めます。

■カメラで撮って見立てる

本書第２章の「絵の具たらして」と「みつけた顔にマークアップ」では，画用紙につけた絵の具の模様をタブレットPCで撮影し，その画像にタブレットPCの中で絵を描き足しています。

これは「模様からの見立て」の活動です。いきなり画用紙に描くのではなく，タブレットPCの中で同じ写真に友達と違う絵を見立て合うようにする手立てです。描いてすぐ消せる，描いて保存して再び再生できるという機器の特性を生かすことも手立てとして使えます。

「ここが犬に見える」「私は違うの見つけた…」

■カメラに頼りすぎないで

実物を直接鑑賞したほうがよい場合も多いので，これらの方法は題材によって使い分けることが大切です。

（北川）

教師が広げる

問いで気付かせる

■創造的な鑑賞の能力

これまでも充実が図られてきた「鑑賞」，特に「創造的な鑑賞の能力」は，平成29年度の学習指導要領改訂では「思考・判断・表現」の中に位置付けられました。これからの子どもたちに育てたい力として，大切にしていかなければなりません。創造的な鑑賞の能力とは，例えば，ある美術作品などのイメージに対して，その文化的背景，歴史的背景とは別に，そこに表されている「形や色，イメージの特徴に基づいて」子ども自身が意味や価値を創り上げていく鑑賞の力です。つまり美術作品を「視覚的な問い」の１つとして出会わせているわけです。

一方そのような鑑賞の授業を行うことの難しさや抵抗を感じる先生方も少なくないのではないでしょうか。何を子どもに出会わせればいいのか，どの子どもの見方や考え方も「創造的」と捉えていいのか，など不安や疑問があるかもしれません。一方で，普段国語などの教科を指導されている先生方にとっては，物語文などの「読み」と似ている点もあり，子ども一人一人の見方を対話で紡ぐ「対話型鑑賞」などを指導し，その楽しさにハマってしまうという話も聞きます。いずれにしても，大切なことは「形や色，イメージの特徴に基づいて」その意味や価値を子ども自身がつくっていくことが大切です。

■造形的な見方，考え方を育てる言葉かけ「どこを見てそう思うの？」

このような形や色，イメージの特徴を意識化するために，鑑賞の授業だけでなく，常に使える発問があります。それは「どこを見てそう思うの？」です。とても簡単です。例えばある１枚の絵を鑑賞する場面です。「この絵を見てどんなことを思いますか？」「何か楽しそう！」「どこを見てそう思うの？」「だって，そこの男の人が笑ってるから」「この人ね。この人は男の人なのかな？」「え？　男の人でしょう！」「どこを見てそう思うの？」という具合です。この言葉かけによって，形や色，イメージの特徴に焦点化し，掘り下げていくのです。

また表現の活動中にも使えます。「どんどんつくって（描いて）いてすごいね～。どう，うまくいってる？」「まあまあかな…」「そう。どのあたりがまあまあ？」「ここらへんかな」「なるほどね。特にどこを（見て）そう思うのかな？」といった具合です。自分の作品のよさや価値への気付きと重なりますが，「どこを見て？」「なぜ？」といった言葉かけにより造形的な視点に基づきながら対話を深めていくことができるのです。

（笠）

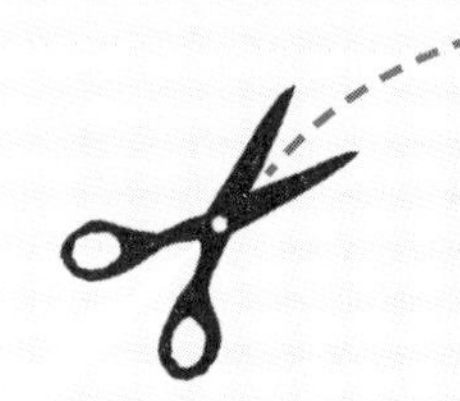

教師が広げる

気付きや理解を引き出す

■新学習指導要領の「知識」

新学習指導要領では，図画工作にも「知識」が加わりました。その内容は「造形的な視点に気付く（低），が分かる（中），を理解する（高）」というものです。また，同じ知識内容として，共通事項のアに「形や色の感じが分かること（中）」と示されています。知識といっても，図画工作の特性を踏まえた指導の在り方が大切です。つまり，「自分の感覚や行為を通して，形や色などの感じが分かること」が大切であり，教師から一方的に教えるのではなく，子どもが体験的に対象の形や色などの感じに気付いたり，分かったり，理解したりできるような学習活動を仕組む必要があります。

■「一番好きなものはどれ？　一番好きなものに似合うものはどれ？」

「この中で一番好きな色は？」「一番好きな色に似合う色はどれ？」「一番きれいだなあ，と思う小石はどれかな？」などの言葉かけによる，形や色，イメージの特徴に基づいた「選択」という活動は，造形的な視点と子どもを出会わせる一歩になります。

■「どんな仲間に分けられるかな？」

「仲間分け」の活動を取り入れることも考えられます。折り紙を使った色の仲間分けや，アートカードなどのイメージの仲間分けなどです。図画工作の導入では，ねらいや方法の説明など教師の「言葉」が多くなりがちです。そうではなく，「仲間分けをしよう！」という言葉かけにより，これから行う題材や活動において最も大切となるであろう造形的な視点に，自然に意識が向くようになるのです。

似てる色の仲間だよ！

■「にせものはどれでしょう？」

「にせものはどれでしょう？」という，クイズ遊びへと誘う言葉かけから授業を始めると，子どもたちの遊び心に火をつけることができます。例えば，レモンの食品サンプルと本物のレモンを並べます。「どうして，それがにせものだと思うの？」と問い返すと，「だって，色が薄すぎるから」「形が丸すぎる」など，造形的な視点への気付きを引き出すことができます。

（笠）

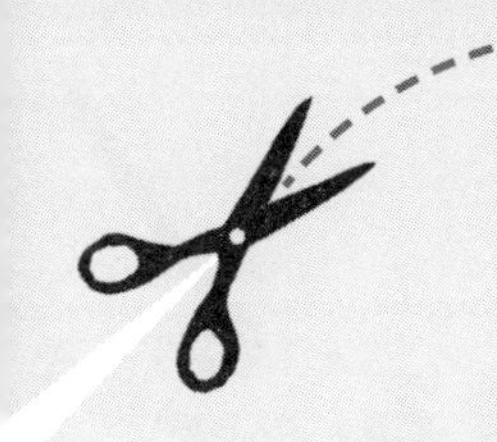

教師が広げる

こだわりの視点を設定する

■「すごいね！」を心から伝えるため，まずその子に委ね追求する時間と場を与える

以前勤めていた学校で，どんな題材でも「おにぎり」を主題にする子どもがいました。その子の造形的な嗜好の傾向は，ある種の「こだわり」です。学習のめあての範囲であれば認めていました。思う存分，図画工作の時間に自分の好きな「おにぎり」にこだわり続けて表現していることを，頼もしいとさえ思っていたのです。しかし，どの子どもからも「こだわり」を引き出すことは簡単ではないようにも思えます。しかも「こだわり」には基準がありません。その子としてはこだわっているかもしれませんが，それをどう捉えるか。「おにぎり」のように見えやすい場合ばかりではないのです。ここは，見誤らないように気を付けています。その子が表し，見て，考えていることを「その子の今としてのベストなこだわり」として受け止める構えが大切です。では，その一人一人のこだわりに対して心から「すごいね！」と言葉をかけるためにできることは何でしょうか。学習のねらいに即しながら「できる限り何にも束縛されず，活動に没頭できる時間と環境を設定すること」が考えられます。まずはその子がもつ造形的な感覚や嗜好，考える傾向を存分に発揮させるのです。それがその子らしい「こだわり」につながってくるのではないでしょうか。

■こだわるための「視点」を設定する

題材の設定と発問を見直すことで，上記のようなこだわりを引き出すことができます。P.102の「複雑マニアになろう！」は，教科書でも掲載されている電動糸のこぎりを用いた定番題材に，「複雑な形を目指そうよ！」と言葉かけすることで，「目指すべき造形的な方向」をクラスで共有できるようにしたものです。しかし複雑さは，相対的なものであり，また曲線的な形，直線的な形などバリエーションも多様です。一人一人の特性や嗜好を発揮して「こだわり」を見つけることが可能だと考えています。

■その子の表し方や見方の特徴に気付かせる

「すごいね！」と評価するとき，その理由を具体的に伝えることが大切です。例えば形，色，イメージの特徴，活動の大胆さ，または慎重さや丁寧さ，材料の使い方や用具の扱いなどです。子ども同士の相互鑑賞で，こうした視点に基づかせるようワークシートなどを工夫します。P.22の「子どもの活動や作品のよさを価値付ける」と重複しますが，こうした教師や友達の言葉によって，自身の表し方や見方のよさや特徴に気付くことで，「もっとよくしていこう」とこだわりを深める方向付けのヒントになると思います。 （笠）

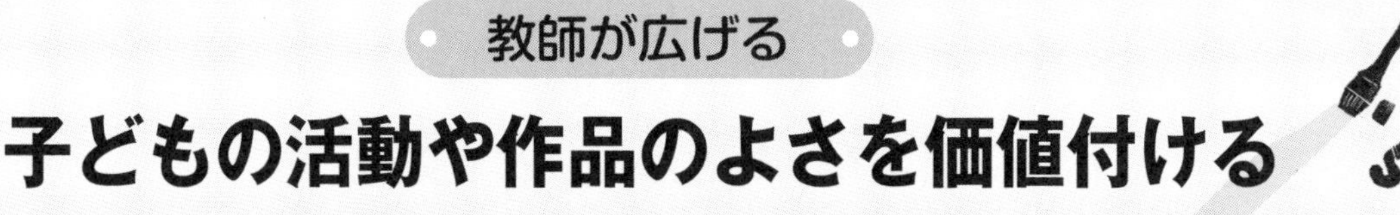

教師が広げる

子どもの活動や作品のよさを価値付ける

図画工作の授業での教師の大きな役割

図画工作の授業における教師の役割にはいろいろなものがあると思います。その中の１つに「活動や表している作品のよさを価値付ける」ことがあるでしょう。図画工作では，子ども一人一人の違いが現れます。そこにこの教科の価値があります。「活動や表している作品のよさを価値付ける」とは，まさにこの違いに教師やクラスの仲間が共感し，認めることが目的となります。ですから，この価値とは「上手・下手」ということではありません。ここでの言葉かけにおいて大切なことは，形や色，イメージの特徴など「造形的な視点に結び付けて価値付ける」ことです。

価値付けを導入に生かす

例えば，造形遊びの導入場面で「この材料でどんなことができそうかな？」と問いかけたとします。クラスの誰かが「こんなことができるよ！」と活動のアイデアを提案してくれました。そこで「この材料の形を生かすとそんなことができるんだね！」と，その子のアイデアの「造形的な視点に基づいた価値」を教師が捉えて返します。このことが，造形的な見方や考え方につながり，子どもたち自身で学びを深めていく手がかりになります。

学びの過程を見守る。そして価値付ける

図画工作の学びでは，子どもが自分で決めた活動に没頭したり，一人一人が自分らしい表し方で作品と向き合ったりする時間が最も大切です。その時間，まずは子どもを見守りましょう。全体を見渡しながら，どの子も安全に活動できているか，どのような活動を展開しているかなどを確認します。そして，一人一人が何を表そうとしているのか，クラスの中でどのような活動や表現の違いが生まれているのかなどを見ていきます。P.94「穴のあいちゃった紙を助けて！」を例にしますと，頭に乗せている子どもや顔を出す子どもが多いな，いや，半分に折り曲げて使い始めている子どもも数人いるぞ，と見ていきます。子どもが少し休んだり，ながめたりするようなタイミングや，戸惑って止まったりしているタイミングに声をかけます。「この材料，よく半分にきれいに折れたね！　もしかしてカッターで切り込みを入れるあの技を使ったの？（材料の特性，技能）」「みんながやっていない使い方かなと思ったんだけど，ここからどうしようかとちょっと迷ってて…」というように価値付けから対話を紡ぎます。

（笠）

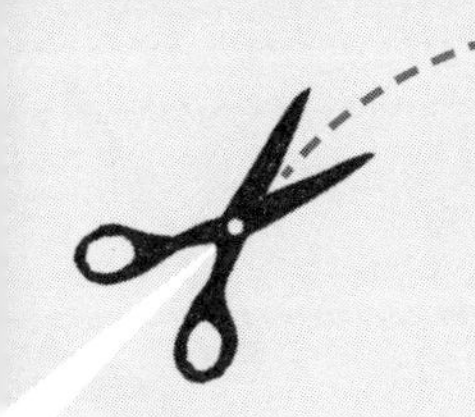

教師が広げる

子どもの活動を止めない

■図画工作の活動中の教師の役割

図画工作では，子どもの活動時間を十分に確保したいと思います。その中で，子どもは自分の世界に入り込み，発想を広げ，創造的な技能を発揮して，学びを自ら深めていくからです。そこでの教師の役割として，あえて見守ることが大切です。全体を見守りながら，全体の安全，発想の広がり方などを見ます。さらに子ども一人一人がどのようなことを決めているのか，また決められないのか，など形成的評価や支援の有無を判断します。そして，適宜個別に，またはグループごとに共感的な声かけや，支援としてのアドバイスなどを行っていきます。

■子どもの要求への対応

そうした中で，必ずあるのが「子どもの要求」です。「～がしたいんだけど」「新しい材料を加えてもいい？」など様々です。こんなとき，どのように「言葉かけ」をしたらよいでしょう。私は「その子だけの問題」と「全体に共有したほうがよさそうなこと」に分けて捉えるようになりました。というのも以前は全て個別に返してしまっていたのです。すると，それだけでいっぱいになってしまい，「全体を見る」ことが疎かになるのです。そこで２つに分けて捉えるようになったのですが，「全体に共有したほうがよさそうなもの」をその都度クラス全体に話すようにしたのです。すると今度は，授業を止める機会が増え，子どもの活動がブツブツと「切れてしまう」ということが起きました。子どもにとっては不意に訪れるストップです。感覚も思考も意欲もストップしてしまいます。

■「先生に一旦預けてね！」

そんな自分の指導に嫌気がさします。落ち込んでいても仕方がないので，具体策を考えました。これも完璧ではありませんが「子どもの要求を一旦預かる」ことにしたのです。つまり，「分かったよ。じゃあ，この後クラスに話したり相談したりするから先生に一旦預けてね」と言葉をかけます。そして，その子の要求を「板書」するのです。また次の子の要求にも「預かるね」と言って「板書」します。つまり，活動中の教師の役割に「子どもの要求集め」を加えるわけです。こうして意識をすると，いくつもの「要求コレクション」が黒板に集まります。これを，あるタイミングでまとめて，全体に共有するのです。１時間目と２時間目の間のチャイム，途中の相互鑑賞への切り替え場面などがいいと思います。

（笠）

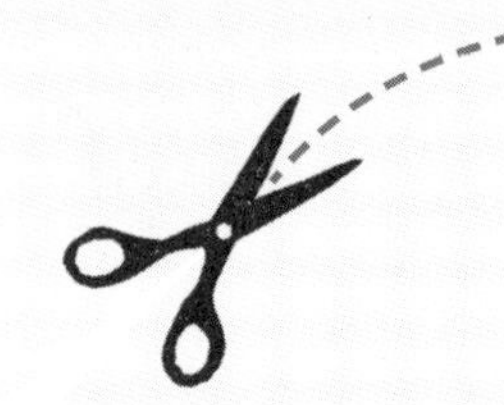

教師が広げる

教師の言葉を減らす

■導入の宿命

国語や算数，道徳などでは，発問と指示，そして子どもの言葉を教師がつなぐことで授業が成立していきます。一方，子どもの活動が中心の図画工作では，そうした場面は比較的少なくなります。しかし，導入，展開，まとめなど全体指導の場面において，言葉を精選することは大切です。特に，導入場面は図画工作の命といえます。「問いと条件」「活動や方法」「材料や用具の扱い方」「安全に関する指示」など伝えなければならないことが多くなりやすいからです。ここをどうするかが図画工作の言葉かけを考えた場合の大きなポイントになるでしょう。この点において，課題ばかりですが，私なりの工夫をご紹介します。

■分ける

１つの方法として，導入で全てを伝えるのではなく「言葉かけを分ける」ということをします。つまりスモールステップで授業を構成するのです。もちろん題材や活動によって異なりますが，考え方として使えると思います。例えば「問いと条件」と「活動の方法」について，はじめの部分に必要な事柄をまず伝え活動に入ってしまいます。そろそろ次の活動が広がっていきそうなタイミングを計って，材料や用具を新たに提示したり，説明などを加えたりします。これも後回しにできる部分があれば後ろへ回します。２時間続きの授業であれば１時間目をこのように少し構造化して，２時間目を思い切り子どもに委ねるという指導計画もできます。

■ ICT を活用し視覚情報を用いる

図画工作では確実な「安全指導」が必須です。図画工作という教科の基礎をなすとても大切な指導です。ですから，ここでの指示や説明は，本当に必要なのであれば時間をかけてもよいと考えています。とはいえ，子どもの集中力には限界があり，あまり長い説明は意欲の低下を招きます。できる限り端的に，確実に，分かりやすく伝えたい。その有効な方法の１つとしてICT を活用した視覚情報の提示があります。具体的には，実物投影機（タブレット PC などのカメラ機能），プレゼンテーションソフトでの手順解説，写真や動画でのポイント説明，デジタル教科書などの活用です。「説明する言葉を減らすために視覚に置き換える」という目的を意識して，提示する順番やテンポを組み立てることが大切になります。

（笠）

第2章

カンタン追試！

言葉かけ＆題材ネタ51

1 呪文で描く
～墨流しの方法から～

僕の「氣」の！ 形！

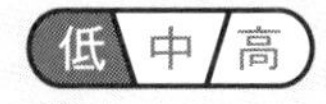
低 中 高

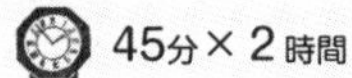
45分×2時間

材料　版画用紙（64切程度），墨汁，紙コップなど

用具　割りばし，トレイ，ボール，水，雑巾，絵の具，水彩ペンなど

題材の目標
導入の教師の話から墨流しの方法を知り，仲間と関わりながら自分なりの方法を様々試すことができる。
墨流しでつくった模様から発想し，自分なりのイメージを絵に表していくことができる。

★授業の流れ

❶出会う（5分）	❷試す（10分）	❸作品づくり（30分）	❹見る，またつくる（45分）
教師のファンタジックな逸話を聞き，活動への思いを高める。	自分たちの身体が絵に使える不思議さから楽しみながら墨流しの技法を試してみる。	何回か試してみる。模様は少しずつコントロールできることに気付き，自分なりの作品につなげる。	できた模様に描き加えたり，他の紙で試したり．紙に段階的に写し取ったりなど，やり方を広げていく。

この題材で大切にしたいこと

「墨流し」は不思議な模様を簡単に楽しむことができます。紙なら紙コップなどでも染めることができ，見立て遊びにつなげたり色を重ねたりなど汎用性も高いです。トレイに水を張り，墨と灯油などの油をそっと交互に浮かべていくと縞模様が水面に表れ，習字用紙や和紙などをそっと被せるように模様を写し取る技法です。水面が揺れると面白い模様になります。

言葉かけのポイント　「みんなで叫ぶよ　『アノクタラ…』」

「アノクタラサンミャクサンボーダイ！」は70年代のテレビ番組で，主人公が変身する呪文でした。授業では，「みんなの氣が絵になるよ。呪文を唱えて頭に氣を集中させるよ。『アノクタラサンミャクサンボーダーイ！』」と促し，ファンタジックな話が好きな子どもたちの意欲を高めました。「◎◎君の氣はどんな形かな」と子どもたちの頭にそっと割りばしをつけ，水に浮かべた墨汁上にその割りばしをそっとつけます。すると墨の中に小さな不思議な形が現れます。何度か繰り返し和紙をそっと載せます。すると…。楽しみながら授業に入りました。

授業ライブ（導入の場面で）

灯油などの油や市販のキットを使ってもいいのですが，お金をかけずとも簡単にできる技法です。当然子どもたちの意欲の高まりはこちらのほうがあります。子どもたちの中にはなぜか座禅を組む子もいます。言葉にそんな力があるのかと思います。

みんなで叫ぶよ
「アノクタラサンミャクサンボーダーイ！」

C1　頭に「氣」を集中させて!!!
あれ不思議な形が出てきたよ。
C2　ほんとだね，猫みたいだ。
C3　墨，氣，墨，氣と交互に置いていくんだね。

「◎◎君の前世は猫だったのかな」と返すと，皆笑顔になりました。「自分の氣はどんな形が出てくるかな」と意欲満々で活動に入りました。

C4　なかなか氣がうまく出てこないな。
C5　どれどれ，頭にしっかり割りばしつけなきゃ。
C6　そっと置いたら「氣」がきれいに出るな。
C7　割りばしでそっと動かすと模様が変わるよ。
C8　紙もそっと置いているかい？
C9　何度かやったら水は替えていくといいよ。

「みんなの頭の汗が実は墨汁と相性がいいんです。こんな不思議な模様ができましたね。頑張ったら出てくる汗も図工に使えるんですね」。運動大好きの子どもたちは更に意欲的になりました。実践では右の作品のように，「墨流し」のやり方を使って，様々な可能性に広げていく姿につなげてみました。

（仲嶺）

授業ギャラリー

図１　氣の形から広がるよ !!

図２　みんなの氣の形，いろいろだね

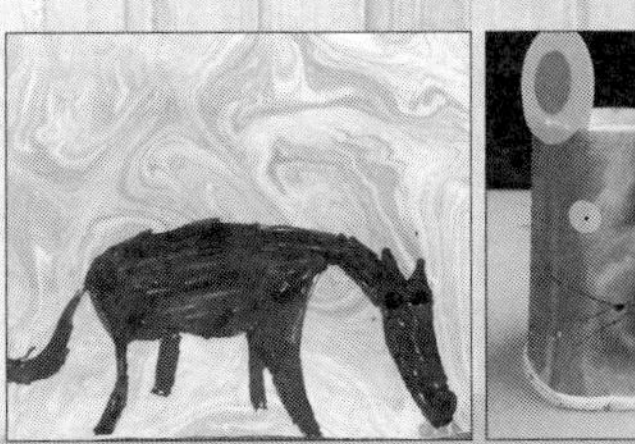

図３　馬に見立てて（左）。紙コップに写したよ（右）

図４　違う模様を少しずつ１枚の紙に写したよ

2 ジャックと○○の木

～お話から発想して～

僕たちの木　教室中に広がった！

低 中 高

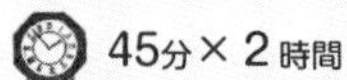
45分×2時間

材料　緑の色画用紙，折り紙，ビニールひもなど

用具　はさみ，セロハンテープ，作品をかけられらるよう，ひもを張る（教室）

題材の目標

お話を聞いたことから発想を膨らませ，教室中に広がる木をイメージした活動に興味関心をもって取り組む。画用紙を切り落とさない条件で思いのままに切る活動を契機に，仲間とアイデアを重ねながら折り紙なども加え自分たちらしい作品を楽しむ。

★ 授業の流れ

❶出会う（5分）
教師の読み聞かせ（ここでは『ジャックと○○の木』を取り上げた）を契機に活動の見通しをもつ。

❷表す（15分）
緑の8つ切色画用紙を伸びる木のように切るための方法を互いに考え，長さや形を生かした作品をイメージしていく。

❸試す（50分）
つくった作品を天井から下ろしたり，壁から伸ばしたりしてつなげていくことで，互いのイメージを共有していく。

❹見る・つくる（20分）
教室中に広がった作品からイメージを広げていく。思いついたことを折り紙など使いやすい材料で表す。

この題材で大切にしたいこと

子どもたちは教師のお話が大好きです。本題材ではどこまでも伸びる芽，そして木になる物語を使いました。図画工作の形と色などから始まる活動の契機として子どもたちのイメージは高まります。技能的には紙を切る活動のよさを子どもたちに提案します。はさみは夢中になると急いでしまい，安全面がおろそかになりがちです。友達への渡し方やテーブルから離れるときのマナーなど，道具の扱いには注意させていきましょう。

言葉かけのポイント　「どんな形の木が切れるかな？　例えば…」

子どもたちの活動の契機となるよう，ここでは紙を長く長く切る方法を互いの考えを紡ぎ合う場面を想定して，子どもたちの右ページのような展開を促しました。色画用紙を切る場面では，長さ比べが始まったりします。ここでは長さにこだわる子にはさみの丁寧さや，切った形にこだわる子はその面白さなど，一人一人のイメージを実現しようとする思いを評価してあげたいと思います。

授業ライブ（活動の契機の場面で）

導入では種からつるが伸び，空まで届くお話をしました。８つ切サイズの緑の色画用紙を見せ，どんなふうに切ってみたいか尋ねると，長く長くしたいとの思いが多く聞こえました。自然と下記のような対話につながりました。

どんな木の形が切れるかな？
例えば長く長くするには…

C1　長く長く切るには周りから始めて少しずつせめていけばいいね。紙を切り離さないように。
C2　切り離さないで長くするのなら，端のほうから互い違いに切っていく方法もあるよ。
C3　僕は切り離さないようにするのは賛成だけど雷みたいにギザギザ切ってみたいな。
C4　私はモクモクした感じ。雲に近づきたいから。

活動では，どちらかといえば長さにこだわった子どもたちでした。２枚目，３枚目と切り方を工夫する子どもたちの活動が続きます。ある程度活動が高まった頃合いを見計らって，教師が作品を天井のひもにつないでたらす提案をしました。長く切って作った木の作品。子どもたちの活動を思い思いに教室中いっぱいに広げます（図２・３）。

C5　天井のひもにかけてみたらどうなるかな…。
C6　教室の横からつなげてみるよ…。
C7　僕は机やいすにも貼りたいな…。

安全面に留意させながら，子どもたちの思いを広げさせてあげるといいでしょう。

> ※『100かいだての○○』『○○ーポッター』など，好きな本から受ける子どもたちのイメージは，絵，立体工作に発揮させることができます。

（仲嶺）

授業ギャラリー

図１　ええっ！　こんなに長いのにまだ途中なの？

図２　僕は木に住むキジムナー
（長い作品を生かして）

図３　雲の上にお城があるの（左）。
お姫様はここ！（右）

造形遊び　絵　工作　立体　鑑賞　映像

「絵の具が光ってきれい」「空に描いたみたい」

3 とうめいにかいたら空とんだ

低／中／高

45分×2時間

材料　共同絵の具（ポスターカラー系），中性洗剤，PVA 洗濯のり，養生シート

用具　太めの筆，絵の具の容器，トレイと布，ビニール袋，捨ててもいい靴下

題材の目標
大きなビニールにのびのび描いたりスタンピングしたりして，全体を光に透かした印象から続きの活動を思いついてみんなで試す。

★授業の流れ

❶出会う(10分)	❷表す①(30分)	❸見る(15分)	❹表す②(40分)
養生シート（3600㎜巾100m で1600円程度）を教室に広げ，絵の具でかくことを提案する。靴下にしみさせた絵の具でリズムに乗って実演する。	短い曲のリズムに乗り，前後半のチームに分かれて交互にスタンピングをする。２交代したらビニールをつるすかずらすかして２枚目に挑む。	ビニールを光に透かして鑑賞する。「好きなところはどこ？　もっとかきたいところは?」見つけたことを言葉で伝え，やりたいことを決める。	ビニールを裏にして，靴下のスタンプや「太い筆でグングンかこう（P.52）」の用具での加筆などをする。みんなで宙に浮かせて鑑賞する。

この題材で大切にしたいこと

靴下に絵の具をしみさせてダイナミックにスタンピングする活動です。楽しい遊びの中でも，夢中になりすぎずに鑑賞の能力や思考能力を働かせることが大切です。そのためには，①３拍子などのリズムに合わせて色・形・リズムを感じながら活動させることと，②中間鑑賞で思考能力を働かせる場面をつくることなどが本題材のポイントです。

言葉かけのポイント　「好きなところはどこ？　もっとかきたいところはどこ？」

前半チームと後半チームで交代で表現をすることは，単なる混雑緩和だけではありません。相手チームの様子から感じたことをもとに，自分ならこうしたいとレディネスを高める時間をつくっているのです。２枚目の大きなビニールでの表現が一段落すると，１枚目のビニールの絵の具は大体乾いています。パラバルーンのように持ち上げたり窓に透かしたりして，新しい気持ちで鑑賞や思考の能力を働かせることができます。そのタイミングでの声かけが重要です。

授業ライブ

授業のはじめには絵の具を使う前に，大きな養生シートの縁をみんなで持ち，パラバルーンのように空気を感じてシートの大きさを味わいます。

リズム感のある曲をかけ，足に絵の具をつける前にステップを踏んでみます。リズムに乗って点・点・点…。走ったり跳ねたりは禁止にして，楽しさと安全への意識を体で感じてから絵の具を使いました。

T　２枚目のシートもきれいな模様になったね！光に透かしてみよう。

C1　わあきれい。みんなすごいね。

C2　絵の具が空を飛んでるよ。雲の上みたい。

T　乾いたから，また重ねて描こう。

好きなところはどこ？
もっとかきたいところはどこ？

C3　ぐるぐるのところがきれい。そのままにしたいな。

C4　赤のとんがりが，クジャクに見えてきた。

C5　そう言われてみれば，クジャクに見えるね。

T　じゃあ，そこはもっとクジャクみたくする？さあ，シートを裏返しにして裏側にも描こう。

C6　筆を使って描いてもいい？

C7　点々だけだから，線もあるときれいだよ。

表現しながら鑑賞もしていますが，視野は狭くなります。一歩引いて鑑賞して思考能力を働かせると，次は周囲の絵の具の形や色，友達の動きも考えて活動できるようになります。

最後は，交替でシートを持ち上げて，シートの下から見上げて鑑賞すると歓声が上がります。

【参考図書】
石賀直之『リズムあそびと造形あそび』サクラクレパス出版部

（北川）

授業ギャラリー

図１　足に，まずビニール袋をはき，その上から靴下をはく。お盆に薄手の雑巾などを置いて絵の具をしみさせて絵の具の基地に

図２　窓や蛍光灯に透かすと，色が鮮やかに目に飛び込む。好きなところやもっとかきたいところは？

図３　軽いので，ふわっと持ち上げて下にもぐって鑑賞できる

4 ひんやり色水ネックレス

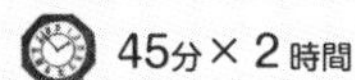

低 中 高

45分×2時間

お気に入りの色水を好きな感じに並べて

材料　カレンダー用の筒状ビニールまたは傘袋，絵の具，水

用具　ペットボトル，カップ類，トレイ

題材の目標
絵の具の色水遊びを楽しみ，好きな色の感じを言葉にしたり色の組合せを試したりして味わう。

★授業の流れ

❶出会う(10分)	❷試す(40分)	❸見る①(10分)	❹飾る・見る②(30分)
「ペットボトルのキャップの裏に絵の具をつけておき，振ると水が色水になる」というマジックをタネがばれるまで実演する。	ペットボトルで色水をつくり，カップに注いだり色を交換して混ぜたりして，実験のように色水づくりを工夫する。	子どもの色水を少しずつもらい，教師がネックレスをつくって見せる。「好きな色の色水ネックレスがつくれるよ」	お気に入りの色水や友達と交換した色水を，並べ方を考えながら袋に入れる。好きな色を首から下げてよさを味わう。

この題材で大切にしたいこと

色水づくりを楽しんだ後，子どもたちには「とっておきたい」「持って帰りたい」という思いが強く残ります。ただ持って帰るだけでなく，袋に入れる色の選び方や並べ方を考えること自体にも鑑賞の能力を発揮させましょう。

言葉かけのポイント　「好きな色の色水ネックレスがつくれるよ」

色水づくりの工夫や，並べ方の工夫がある程度落ち着いてくると，「先生，この色水持って帰れるの？」と子どもがつぶやくようになります。そんなタイミングで，「この色いいね，少しちょうだい」と，教師が何やら選びながら迷いながら袋に色水をコレクションし始めます。「好きな色の色水ネックレスがつくれるよ」の一言が子どもたちの選択的な注意力を喚起し，鑑賞の能力を働かせながらのネックレスづくりへといざないます。首からかけたときのひんやりとした心地よさも魅力的です。

授業ライブ

色水づくりも後半に入り，並べ方の工夫やネーミングの段階に入りました。相互鑑賞も進み，色水の始末が気になり始めます。

C1　先生，この色水，持って帰りたい。

T　そうだね。こんな方法はどうかな。Aさん，青い色水を少しもらっていい？（袋に入れて結ぶ）　Bさんのピンクをもらっていい？　透明な水も入れよう。

C2　先生，何つくってるの？

T　よし，できた。こんなのどう？

好きな色の色水ネックレスがつくれるよ

C3　わあ，つくりたい！

C4　並べ方がきれい！

T　小さく結ぶと何色も並ぶよ。

C5　次は何色にしよう。この黄緑もらっていい？

C6　水は透明で，キラキラしてきれい。

C7　首にかけるとひんやりするね。青い色だと見るだけでも冷たそう。

色水をペットボトルのまま持って帰らせたことがあります。「下校の途中で重くなって大変だった」「持って帰れる色の数が少なくて残念」などといった声が聞かれました。

今回の方法では，８～10色のネックレスづくり自体が色の組合せを考える鑑賞の能力を働かせる場になり，作品にもなります。

> ※袋の結び方
> カレンダー用の筒は底がない両切りです。端と端を結んで50mL程の水を入れ，短なわ結びの要領で小さめに結びます。ぶら下げたままでは重くて結びにくく，盆に置くと結びやすくなります。

（北川）

授業ギャラリー

図１「色水完成！」「混ぜて実験だ！」

図２　色交換したら，きれいな色が集まったよ

図３「首にかけるとひんやりして気持ちいい」「僕は，涼しい色を並べたよ」

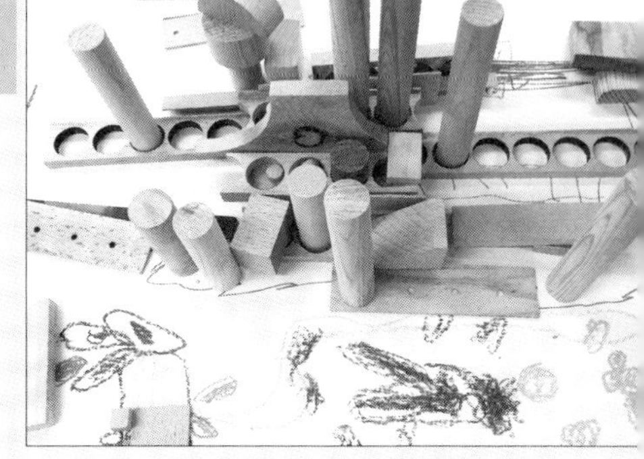
積み木の形を生かして基地ができたよ！

5 積み木ラ・ラ・ランド

低 中 高

45分×2時間

材料　木っ端，模造紙

用具　パステルクレヨン，カラーペン

題材の目標
木っ端の形の組合せから表したいことを見つけ，絵を描き加えるなど工夫して表す。

★授業の流れ

❶出会う（5分）	❷表す（70分）	❸振り返る（15分）
たくさんの木っ端に出会う。まず「使ってみたい形」を5つ取る。	最初の5つの木っ端からスタートし，徐々に自分の思いを広げながら表す。	「うまく使えた木っ端の形」を選び，その形を友達はどう使っているかを確かめながら見合う。

この題材で大切にしたいこと

リサイクルの「木っ端」は様々な形があり，積み木のように組み合わせたり並べたりして思いを広げていくことができます。さらに，机の上に模造紙を敷いておくと，カラーペンやパステルクレヨンで絵を描くことができます。このような造形遊びの活動では，教師はイメージを決めずに，材料と子どもの関わりから生まれるイメージを大切にします。

言葉かけのポイント　「自分のお気に入りの形を友達はどんなふうに使ったのだろう？」

ここでは，木っ端の「形」が大切な視点になります。そこで始まりに「使ってみたい形を5つ選んでね」と言葉かけをします。これによって「形」に対する子どもの意識が高まります。そして最後の振り返りにも「お気に入りの形」という言葉かけを使います。今日の活動でつくったものの中で「この木っ端うまく使えたな！」と思うものを1つ選ばせるのです。そして，友達の作品を見る際「同じ形の木っ端をどう使っているか」を見るように言葉かけをします。

授業ライブ

たくさんの木っ端を使い，自分らしく造形活動を楽しんだ子どもたち。今日，どんな活動ができたかを発表した後の場面です（図１・２）。

T　木っ端の形を使って，いろいろなものが生まれたね。家，遊び場，まちなどいろいろありました。それでね，自分の作品の中でこれはうまく使えたなあ，と思う木っ端はどれ？　１つ選んでください。

C1　この丸い形！

C2　私はこの穴の開いている木かな。

T　では，最後にみんなの作品を見に出かけようよ。今選んだ，

自分のお気に入りの形を，友達はどんなふうに使ったのだろう？

T　それを確かめながら見てきてね。

（友達の作品を見合う）（図３）

T　どうだったかな？　同じ形を友達は使っていたかな？

C3　使っている人がいませんでした。

T　ということは，このクラスでその形をうまく使えたのは～さんだけなんだね。すごいね。

C4　僕は三角の形を家の屋根にしたんだけど，～さんがタワーのてっぺんに使ってました！

T　どちらも建物の一番上に使ったんだね。

C5　私は，このへこみのある棒を「道」みたいに使ったんだけど，～さんは，そのへこみに小さな木を並べていました！

T　同じ形だけど，違う使い方をしたんだね。

この言葉かけにより，材料の形へのたくさんの気付きがありました。（笠）

授業ギャラリー

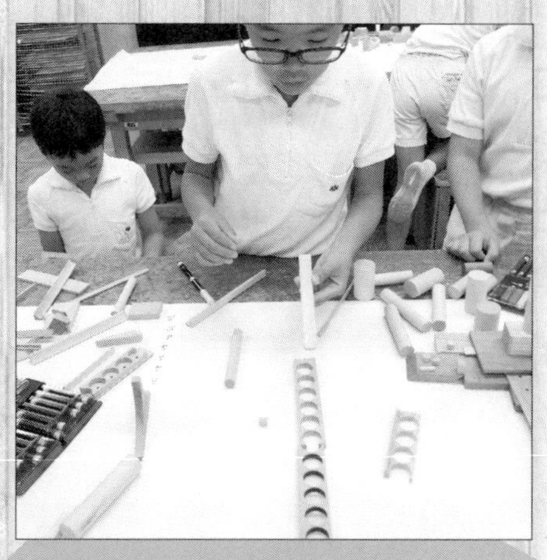

図１　さあ，最初のお気に入りを並べて…ここから何をつくろうかな…

図２　積み木と絵を組み合わせたよ！

図３　僕のお気に入りの形，友達はどう使ったのかな？

6 こいしちゃんとあそぼ

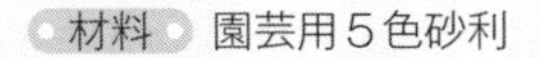

低 中 高

45分×２時間（見合う活動に片付けを含む）

白い小石だけで並べよう！

材料　園芸用５色砂利

用具　小皿（なくてもできます）

題材の目標
小石の形や色の特徴に気付くとともに，自分の思いを大切にして並べるなど活動を展開する。

★授業の流れ

❶出会う（5分）	❷気付く（20分）	❸広げる（50分）	❹見合う（15分）
たくさんの小石と出会う。	グループで仲間分けをする。小石の形や色，模様などに気付く。	並べたり，積んだり自分らしく思いを広げ，活動を展開する。	お互いの活動の結果を見合ったり紹介し合う。片付けをする。

この題材で大切にしたいこと

園芸用の小石を使っての造形遊びです。自然材は是非子どもに出会わせたいものです。「たかが石ころ」と思うなかれ。微妙に色が違っていたり，模様があったりなかったり，丸っぽかったり，とがっていたりと子どものアンテナが反応する要素が実はいっぱいです。造形遊びでは，こうした材料の特徴をもとに，個々に，また友達とともに，思いを大切にして造形的な表現活動を自分で決めて展開し広げていくことができるようにすることが大切です。

言葉かけのポイント　「小石ちゃんたちは，全部同じ？」

一般的には材料を広げて「どんなことができそう？」と投げかけます。子どもたちは思い思いに動き出し，造形的な可能性を探求し始めます。活動を通して「形や色などの造形的な視点を見つけながら」表現していきますが，全ての子どもがそうした材料の造形的な視点に十分に気付けるかどうかは分かりません。

そこで，どの子どもも，形や色，材質感などを手がかりに思考・判断し，創造することに向かう「深い学び」につなげられるよう言葉かけをします。材料との出会いの場面で「小石ちゃんたちは，全部同じ？」と投げかけ，仲間分けの活動を行うのです。

授業ライブ

机の上に小石を広げておきます。それを見て驚く子どもたち。さあ，少し落ち着かせて言葉をかけます。

小石ちゃんたちは，全部同じ？

C1　全然違うよ！
T　本当？　じゃあ，仲間分けしてみようよ。
T　何種類になったかな？
C2　４種類だったよ！
T　へえ，どんなグループなの？
C1　濃い灰色と薄い灰色，少し点々の模様がある石，縞々模様のある石，三角っぽい石。
T　なるほど，他にもありそうなので，それぞれ黒板に書き出してみようか？（図２）。
T　すごい数の仲間分けができたね！
C2　でもグループ分けできない小石もいたよ！
T　そう！　それは発見だなあ。つまり，どれにも似ていない，ということ？
C2　色は似てはいるんだけど，ちょっと違うんだよ。
T　すごくよく見てあげたんだね。でも，仲間分けできた小石も全て同じかな？
C3　全部違うよ！

子どもたちは，こうした言葉かけにより形や色，質感などに対してどんどん意識的になっていきました。その後の活動では，同じ形や色だけを使って表していったり，その組合せを意識したり，コレクションするなど，造形的な視点に基づいた豊かな思いが広がっていきました。

（笠）

授業ギャラリー

図１　色で分けようよ!!

図２　こんなグループになったよ！

図３　色とグレーを順番につなげよう！

図４　コレクションするのも楽しいね！

7 紙を落とすことから考える

後ろは色が違う。落とすとチカチカした感じに見えて模様がきれいだよ

低 中 高

45分×2時間

材料　上質紙（子どもたちも普段の印刷などで使うことのある紙を使います）

用具　はさみ，水彩カラーペンなど

題材の目標

普段使い慣れた紙を使って，「落とすとどう見えるか」を条件とした作品を形と色でつくりだすことができる。シンプルな活動の中，友達のアイデアを取り入れながら，自分なりの美しさや面白さを追求していこうとする。

★授業の流れ

❶つかむ（10分）	❷試す（10分）	❸つくる①・見る①（40分）	❹見る②・つくる②（30分）
教師が落とした紙の動きに興味関心をもち，落とすという条件で作品をつくることを理解する。	教師と同じシンプルな長方形の紙を落としてみることから，自分なりのひらめきを試してみる。	形を変える，大きさを変える，折り曲げてみる，色をつけてみるなど思いついた方法を試してみる。	友達のつくったアイデアから形や色などを探求・分析し，自分らしい形を更に変化発展させる。

この題材で大切にしたいこと

何種類かの材料やたくさんの量であったり，目にしたことのない材料であったり，材料から始まる造形遊びは子どもたちの興味関心を刺激するのに大事な活動です。ここでは普段使い慣れた紙が材料。材料の使い方の視点を変えることで，多面的な見方を育てることをねらいました。捨てるような紙をあえて使うことで材料を大事に見直す力も育みたいと思います。

言葉かけのポイント　「「落とす」ことから考えます。材料は上質紙です」

造形遊び的な活動は，共働的な学びに向かうことをねらうために，活動の指針となる授業条件が大切となります。ここでは落としたときに見える形をつくることを授業課題としましたので，主材料は紙のみとシンプルな設定としました。落としたときの自分なりの心地よい形に向かうことを通して，子どもたちの造形的な見方・考え方を豊かに育みたいと思います。互いに見合う場を適宜もつことを通して，落ちる形の美しさや面白さを評価し合う姿にシフトさせていきます。

授業ギャラリー

授業ライブ（導入の場面で）

「この紙はどんなふうに落ちていくかな？」ごみ箱の中に前もって仕掛けておいた上質紙の切れ端を取り出して，はさみで小さな長方形状（図1）に切ってみせ，教師が実際にいすの上から落としてみせます。子どもたちは下記のように予想します。

C1　ひらひら落ちるんじゃないかな。

C2　右に左に舞う感じかな。

紙は細かくパタパタと横向きに回転しながら，円を描くように落ちていきました。教師が切った長方形の小さな紙が，意外な美しさで落ちていく様子に驚きを感じた子どもたちは，思い思いのひらめきを予想し試そうとする姿になります。

C3　紙を△に切ってみたらどうかな。

C4　折り曲げてみたらどうかな。

C5　色もつけられるね。

C6　僕は長く切ったものを落としてみたいな。

「落とす」ことから考えます。 材料は上質紙です

最初は思いつきで様々な形を楽しみます。子どもたちの下のような気付きのよさを言葉かけしてあげ，成果をみとってあげるといいですね。

C7　少し形を変えただけでも落ちる見え方がとても変わるね。

C8　大きすぎたり形が複雑だとあまりいい見え方じゃないみたい。

C9　裏と表は色をはっきり変えたほうがいいな。

窓からの風やエアコンなどによっても動きが変わります。いすから机に上がる子もいます。２人組にするなど安全面には注意させましょう。

（仲嶺）

図１　導入で見せた形（左上約１×５㎝）と子どもたちが，試した形など

図２　落とすと右に左にひらひら楽しい動き

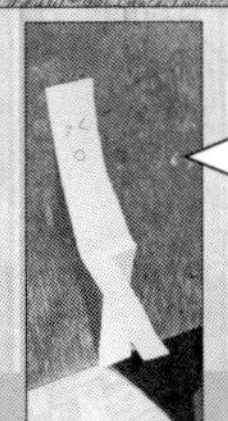

図３　子どもの作品

8 わりばし光ランド

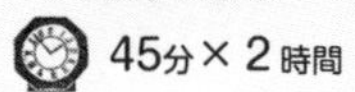

LEDライト

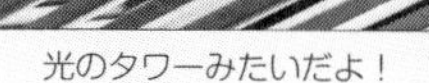
光のタワーみたいだよ！

材料 割りばし

用具 LEDライト

題材の目標
割りばしを積んだり並べたりして生まれる形と光の組合せを考えて，自分らしく工夫して表す。

★ 授業の流れ

❶出会う①(10分)	❷表す①(30分)	❸出会う②(5分)	❹表す②(45分)
割りばしと出会う。活動のルールをつかむ。	教室全体を使い，割りばしを積んだり並べたりして，自分らしく活動を展開する。	新しい用具として，色の変わるLEDライトと出会う。	ここまでの割りばしの活動と光を組み合わせる，つくりかえるなどで活動をさらに広げる。

この題材で大切にしたいこと

高学年では「ライトづくり」をカリキュラムに入れています。その学習の前に行う，「割りばし」と「LEDライト」を使った造形遊びです。「割りばし」を積んだり並べたりすることだけでも，ダイナミックに活動を展開できますが，そこへ光が加わることで，隙間から漏れるその美しさにさらに反応し，活動の様子が変化します。形をさらに試行錯誤してつくりかえる姿，大きさよりも手元で小さくライトの光の効果を確かめながらつくりかえる姿などを引き出せます。

高学年でも造形遊びが位置付けられましたが，このように他の学習と関連させカリキュラム設定を行うとより効果的だと考えています。

言葉かけのポイント 「ここに光を加えたらどんなことができそうかな？」

これは子どもの発想や視点を変え，授業の展開をつくる言葉かけです。前半は「割りばし」だけを使って造形遊びを行い，まずは「割りばし」のもつ造形的な可能性を十分に味わわせ探求させます。そして，「ここに光を加えたらどんなことができそうかな？」という言葉かけとともに「LEDライト」を加えます。ここから，新たな造形的な可能性の探求が始まります。

授業ライブ

たくさんの「割りばし」を机の上に広げておきます。その材料を基に子どもたちは思い思いに動き出しました。ある程度活動が展開した場面です。

T　割りばしを積んだり並べたりして自分たちの活動を見つけられていてすごいね！　ここまでで，どんな活動になっているのかな？

C1　僕たちは，交互に積み重ねてタワーをつくっています。

T　随分高いなあ。さあ，そのタワーをもっとステキにしてみようか。今日はもう１つ材料を加えるよ！　このLEDライトだよ！

この「割りばし」に光を加えたら どんなことができそうかな？

C1　だったら，絶対きれいなタワーになるはずだよね！

C2　先生！　今までのものを崩して，つくりかえてもいい？

T　つくりかえても，みんな構わないよね？

C3　ねえねえ，本物のライトみたいにしようよ！

T　～さん，本物のライトってどんなものなの？

C3　床でつくってたけど，それを崩して，机の上で。割りばしを複雑に組み合わせるといろいろな形がつくれるから，その方法でつくる感じかな。

T　それは楽しみだね。では部屋の明かりを少しだけ暗くします。割りばしと光の組合せをいっぱい楽しもう！

この言葉かけにより，形や構造と光の美しさの探求へと展開が変わっていきました。より暗さを求めて教室の隅や机の下へ活動を移行させるなど，場所との関わりも強くなっていきました。　（笠）

授業ギャラリー

図１　割りばしを積むとドキドキ楽しい！

図２　光の壁ができたぞ！

図３　小さいものをつくってみようよ！

9 サンドアート

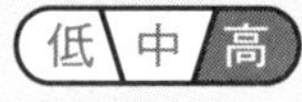

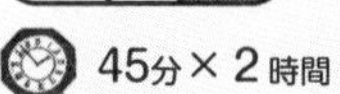

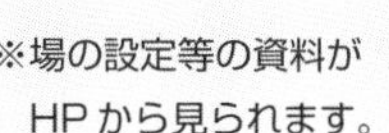

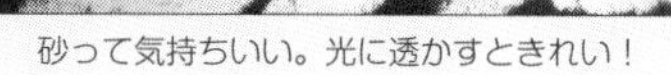
砂って気持ちいい。光に透かすときれい！

材料 砂（加熱して冷まし，粉ふるいでふるったもの）

用具 強化ガラス，模造紙，電灯，小ほうき，ちり取り，タブレットPC

題材の目標
ガラス板に砂絵を描いたり消したりしながら変化させる活動を工夫し，友達とも考えをすり合わせながら表現を工夫する。

★ 授業の流れ

❶出会う（10分）	❷試す（20分）	❸見合う（10分）	❹表す（50分）
YouTube等の動画サイトでサンドアートを視聴してイメージをつかむ。ガラス板に体重をかけないことや載せる砂の量等の安全面を確認する。	４人組で，砂のまぶし方や筋のつけ方などを試しながら砂絵づくりを楽しむ。交代，あるいは手分けをするなど，自分たちでルールをつくる。	参考動画の模倣表現やオリジナル表現を相互に見合う。「タブレットで撮影できるよ」と，記録→変化（新たな表現）への可能性を示唆する。	写真を撮って，新たな表現や表情の変化をつける等，次々に表現を変えていく。随時写真を撮り，鑑賞と表現を繰り返しながら試し続ける。

この題材で大切にしたいこと

光を透過したガラスの上に描かれる砂絵の美しさを，視覚と触覚の両面で味わいます。完成はゴールではなく，次の変化への通過点です。試しながら次々と表現を更新していくことで，自己表現を更新していく体験をすることが大切です。

言葉かけのポイント 「タブレットで撮影できるよ」

はじめは「楽しいからやってみたい」という気持ちで砂絵をスタートさせます。砂をまく，盛る，掃く，拭い取る，指で平行線を描く等々，様々に試すうちに１つのゴールが見えてくることがあります。「先生，見て見て！」というグループがいくつか出てくる頃には，満足感と他グループの活動への興味が高まります。一旦活動に満足したところで，「タブレットで撮影できるよ」とiPadなどを出すと，「撮りたい」「じゃあ，つくりかえようか」「今度は，こうしようよ」という意識が芽生えます。

授業ライブ

グループごとにいろいろな砂絵ができ始めました。相互に見合いながら，達成感と，もっとやりたいという気持ちが混ざった表情です。

T　いろいろな工夫が生まれたね。この砂絵を，

タブレットで撮影できるよ

C1　撮りたい。どっち向きに撮ろうか。
C2　こっちからがいいよ。あと，ここをアップで。
C3　じゃあ，撮ったからつくりかえる？
C4　今度は，海みたいにしない？
T　今度は，何を試しているの？
C1　冨獄三十六景を改造したみたいな感じ。
C2　波の感じは，こんな感じでどうかな。
C3　サーフィンする人がいたら面白いよ。
C4　じゃあ，まじめバージョンで１回撮って，それから現代バージョンに変えようよ。

はじめからタブレット PC を持つと，他のグループを見るよりも自分たちの中だけで完結しようとする傾向が強くなります。

後から見にきた他グループの子や教師がそのグループのタブレット PC の画像履歴を見ることで，そのグループの様々なチャレンジをみとることができます。

> ※用具のポイント
> 強化ガラスは，熱処理したガラスで強度が高く，割れても粉々になります。学校の小窓を外して使用できるならそれもよいでしょう。裏面に模造紙やビニールを簡単に貼り付けます。アクリル板（透明や白色）も使えます。白い画板やテーブルの上でも類似した活動ができます。

（北川）

授業ギャラリー

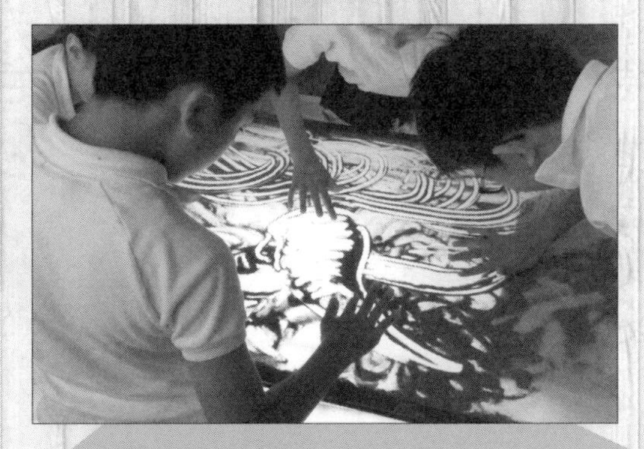

図１　「そっちが空でこっちが陸ね」「ここに鳥を飛ばそう」

図２　小ほうきを回転させたら円ができたよ

図３　「丸いのは，夕日」「指で波を描いたら，描くたびに波がうねっているみたいできれいだった」

10 虹色の国のお芋掘り

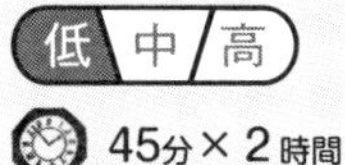
低 中 高
45分×2時間

僕の体こんなに小さい！

材料 8つ切画用紙，64切画用紙，のりなど

用具 クレヨン，絵の具道具一式，ティッシュなど

題材の目標
お芋掘りの体験からイメージを膨らませ，クレヨンなどの簡単な描材の使い方を工夫しながら絵に表す。
関わりの中で互いに思いついたアイデアを重ね合い，より自分らしい思いを深めていく。

★授業の流れ

❶出会う(15分)	❷振り返る(5分)	❸試す(15分)	❹つくる(55分)
お芋掘りをしてきたことを想起させ，うれしかったこと，驚いたこと，苦労したことなど，共有し合う中で作品への思いを高める。	クレヨンと絵の具のこれまでやってきた使い方の特徴などを思い出しながら，虹色やお芋の色，力の色などのイメージをもつ。	虹色の国のお芋掘りのテーマから工夫したりしながら，主人公である自分を描いていくことで思いを高める。	大変だったときのポーズを見せ合ったり，力の入った様子など，友達のアイデアを取り入れながら，自分なりのこだわりをつくりだしていく。

この題材で大切にしたいこと

低学年の子どもたちの絵はいつでも自分たちが主人公。特に仲間とともに体験したことはいいモチーフとなります。実践では毎年行われるお芋掘り体験活動をもとにしてみました。クレヨンなど使い慣れた道具を使い，ひらめいたことから次々にアイデアを描き足し，自分なりのこだわりを追求していく姿をねらいました。

言葉かけのポイント 「お芋掘りのお話，先生にも聞かせてくれますか？」

力を入れてもなかなか出てこないお芋，仲間と力を合わせてやっと出てきた感動は忘れません。また家に持って帰る時のあの重さ…。様々な声を聞き取り，関わらせる中「ここを描きたいな」と思いを高めさせたいと思います。実践ではまず力の入った自分をつくらせてみました。「力の入ったところが分かるなこの手！」「苦労している感じが分かるなこの色！」「なるほど虹色の国は土も虹色か!!!」など，子どもたちのこだわりをみとりたいと思います。

授業ライブ（導入の場面で）

芋掘り遠足が終わって日焼けした顔で元気に図工室にやってきた子どもたち。その様子を教師に教えてくれるようお願いしました。次々に自分が体験したお芋掘りの話をしてくれます。

お芋掘りのお話，先生にも聞かせてくれますか？

C1　とっても遠かったんだよ，歩いて行ったんだ。
C2　裸足になって土に立ったよ。冷たくて気持ちよかったよ。
C3　僕はスコップを使わず大事に手で掘ったんだよ。
C4　なかなかお芋さん出てこなかったから３人で力合わせたよね！
C5　僕の顔くらいでかくてびっくりしたよ。
C6　たくさんとれて数え切れなかったよ。
C7　汗びっしょりでお水を頭にかけてもらったよ。
C8　帰りは電車だったけど重くて大変だったな。でも家まで自分で頑張ったよ。

低学年の絵の指導では，上のようにまずたくさんの共通体験を話させてあげることが大切です。仲間の声が全て作品のイメージにつながります。それは教師の子どもの絵をみとるための情報にもなります。クラスの図画工作の授業はいつも虹色をテーマにしていましたので，その流れでの実践となっています。

※低学年から押さえたい道具の指導
クレヨンは高学年になっても色合い豊かに使わせていきたいものです。「ティッシュでさっと表面を拭いてあげるといつもきれいな色が出るよ」「作品を大事にする子は道具も大事にしてるね」と，声かけしてあげましょう。

（仲嶺）

授業ギャラリー

図１　なかなか出なくて３人で力合わせたの

図２　腰が曲がるほどお芋重かったよ

図３　太陽を２つ描いちゃったよ，暑かったね

図４　クレヨンは力加減で色の感じが変わる

11 えのぐのにじから

赤黄青の絵の具の虹から生まれたよ

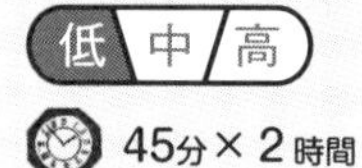

45分×２時間

※製作の手順が
HP から見られます。

材料 絵の具（チューブから直接），共同絵の具の場合はカップに入れてめん棒でつける

用具 ヘラ（プラスチック，厚紙，段ボールなど。プラスチックの定規でもよい）

題材の目標
絵の具の原液を少しずつ並べてヘラでぐいっと引っ張った模様づくりを楽しみ，その模様の形や色から発想した絵をかく。

★授業の流れ

❶出会う(10分)
３色程の絵の具をあずき大の量で並べ，ヘラで引いて伸ばしてみせる。回したりクロスさせたりする。「長くきれいな絵の具の虹をつくろう」

❷表現①(35分)
ヘラの持ち方や引き方を工夫して，様々な形の虹をつくる。乾燥コーナーに並べ，鑑賞したり乾いたものの上に虹を追加したりする。

❸中間鑑賞(10分)
４人程のグループで，画用紙を囲むように見立てをする。「上から見ると帽子」「下から見ると落とし穴」など話合い，アイデアを広げる。

❹表現②・鑑賞(35分)
クレヨンやペン，絵の具のスタンピングで絵をかき足す。友達と見合う。「落とし穴をカラフルな鳥の巣にしたんだね，お菓子がいっぱい」

この題材で大切にしたいこと

美しい絵の具の虹をつくる技能ポイントは，右図のようにヘラのエッジを効かせて引くこと(○)です。カードがしなりやすい場合，５cm以下のカードにしないと(×)のようにつぶれて混ざります。美しい模様をつくれてこそ見立ての楽しさが生まれます。

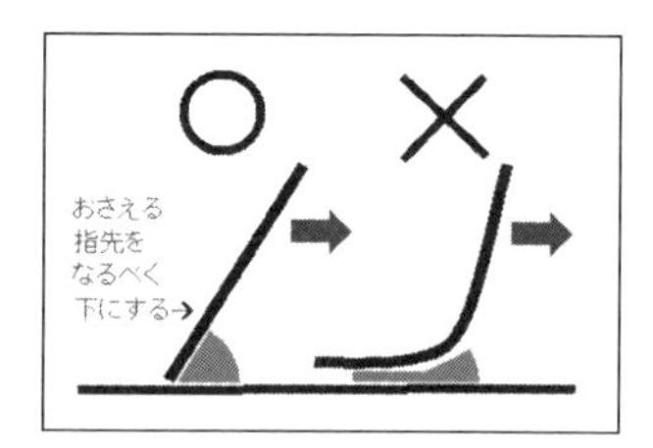

言葉かけのポイント　「長くきれいな絵の具の虹をつくろう」

この言葉は，創造的な声かけというよりも技能的な声かけです。上記の項に書いたような理由によります。しかし，それだけではないよさもあります。教師が実演中に①長く引く，②虹をくねらせる，③画用紙を回して円を描く，などをして見せることで，「きれいな虹づくりにチャレンジしたい」という意欲が高まります。その結果，初めから具体物をつくろうという意識にならずに抽象的な美しい模様が多く生まれます。

授業ライブ

参考作品または教師が試した絵の具の虹を見せます。子どもたちが興味をもったところで，絵の具の置き方やヘラの扱い方のポイントを実演して教えます。

T　絵の具のチューブから，赤を少し。あずきくらいの大きさって分かる？　黄色もポチっと，次は朱色にしようかな。

C1　青にするかと思った。明るい色だね。

T　このヘラを深く持って，カドを立てるようにして引きます。先生の背中を見てね。背中でぐいっと引く感じ。

C2　わあっ。長く伸びるね。本当だ，背中で引っ張っている感じがする。

T　そして，くねくね…，クルリーン。

C3　背中が揺れたらくねくね，画用紙を回したらクルリーンだね。

T　やり方は分かった？　けっこう難しいよ。

長くきれいな絵の具の虹をつくろう

C4　きれいにできた。フランスの国旗みたいな色。

C5　あれえ，べちゃべちゃしちゃう。

T　もう一度見たい子は先生のそばに来て。ヘラを押さえる指先は画用紙から１㎝ぐらい…。

C5　分かった。僕，ヘラの上を持ってたからだ。

C6　うまくいったよ。くねくねも成功！

２枚目からは，細長い画用紙，黒い画用紙，色画用紙なども選べるようにしました。黒板に磁石で貼るとパッとにぎやかになります。貼るたびに相互鑑賞・質問が発生します。この鑑賞や学び合いの中から自然発生的に起こる見立てを授業の後半につなげます。

（北川）

授業ギャラリー

絵の具をあずき大に並べる

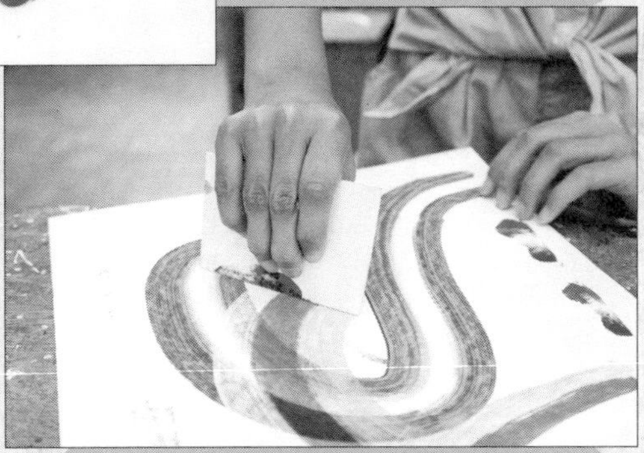

図１　絵の具をチューブから直接画用紙の上にちょっとずつ並べて，ヘラでぐいっと引っ張ると…

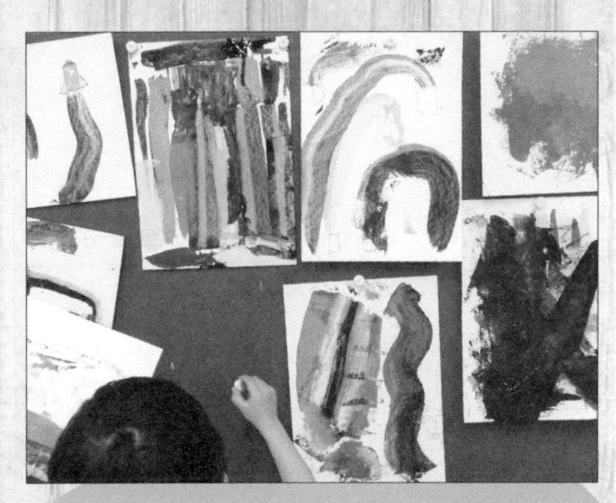

図２　みんなきれい。よし，乾いてきたから，絵を描こう。何に見えるかな？

図３　絵の具の虹が生き物にも見えたけど，私は道路にしたよ。自動車やお店をいっぱいかいたよ

12 お花紙カラフルシート

45分×2時間

※製作の手順が
HPから見られます。

見て見て！　光に透かすときれいだよ

材料　お花紙，PVA 洗濯のり，（折り紙，半紙）

用具　ビニール，はさみ，のりを入れるボトルと穴を開けたキャップ，タオル

題材の目標

お花紙をちぎったり形に切ったりしたものを自分が好きな感じになるように並べる・重ねるなどして，形や色の組合せを考えてカラフルなシートをつくる。

★授業の流れ

❶出会う（15分）
作品例を見せる。光に透かしたり手ざわりを感じたりして，お花紙の質感の変化を感じる。「お花紙がへんしん！　お花紙カラフルシートをつくろう」

❷試す・つくる①（40分）
お花紙を手でちぎったり，はさみで切ったりする。折り重ねて一度に切る方法も試す。並べて重ねて，自分にとっての「いい感じ」を目指す。

❸つくる②（10分）
のり水を要所要所にたらして，お花紙を安定させてから全体にのり水をたらす。タオルで丁寧に押さえ，全体がしっとりしたらＯＫ。

❹見合う（25分）
乾いたら，ビニールから慎重にはがす。光に透かしたり，風で揺らしたりして鑑賞する。相互に撮影する場合は，逆光と順光の見え方の違いも意識する。

この題材で大切にしたいこと

風で飛ばないようにしながら，お花紙を好きな感じに並べます。これでいいかな，こっちのほうがいいかなと，鑑賞の能力を働かせながら形と色を組み合わせ，「よしっ」と決めたらのり水をたらします。

PVA を３倍に薄めて穴からたらす

言葉かけのポイント　「お花紙がへんしん！　お花紙カラフルシートをつくろう」

シンプルな作品でよいので，教師が試作した作品を見せましょう。よく知っているつもりのお花紙の手ざわりがしっとりつるつるしていて，「これでお花紙１枚なの？」「ビニールみたい」といった意外性を味わわせたり，光に透かして美しさを味わったりして意欲を高めます。「お花紙がへんしん！　お花紙カラフルシートをつくろう」の言葉がけで，子どもたちの「つくり方が知りたい」という気持ちを引き出してからつくり方を実演します。

授業ライブ

シンプルなお花紙カラフルシートを見せます。見た目や手ざわりからお花紙との質感の変化を感じ取らせます。窓や電灯に透かしたときの美しさなどから,「つくりたい」という気持ちを引き出します。

T　お花紙１，２枚でもこんなにしっかりするんだよ。ＰＶＡ（ポリ・ビニール・アルコール）が乾くと，ビニールみたいになるんだ。

C1　わあっ。つくりたい。どうやってつくるの？

お花紙がへんしん！
お花紙カラフルシートをつくろう

T　お花紙を細く裂いて…。紙目の方向だとまっすぐ裂けるね。向きを変えると難しい…。

C2　でも，面白い形にちぎれるね。

T　折ってはさみで切るのもきれいだよ。ビニールの上で重ねて…ハックション。

C3　うそのくしゃみで紙が飛んじゃった。

T　風に弱いから，教室はゆっくり歩こう。形や色が決まったら，のり水をポタリ，ポタリ。最初から勢いよくかけると崩れてしまうよ。後は全体にかけてタオルで押さえればＯＫ。

C4　もう完成なの？

T　乾かしてはがしたら本当の完成だね。ビニールごと持ち上げれば，乾く前でも，ほら。

C5　ぬれてる感じもきれい。先生，もう始めたい。

画板にビニール袋をかぶせると準備が簡単です。ぬれた作品をビニールごと切り取って洗濯ばさみでつるし，洗濯物のように乾かすこともできます。画板を裏返してもう１つつくることもできます。半紙（和紙）の上にお花紙を載せてつくると，透明感は下がりますが丈夫になります。　（北川）

授業ギャラリー

図１　ちぎったお花紙は，チリチリした切り口が優しい感じ。はさみで切った形と組み合わせるといい感じ

図２　好きな感じに並べたよ。よし，これで決めた！のり水をたらして，タオルで押さえよう

図３　まず，くじらの形をつくってから，海の王様みたいにしたくて周りにもお花紙を並べたよ

13 絵の具たらして

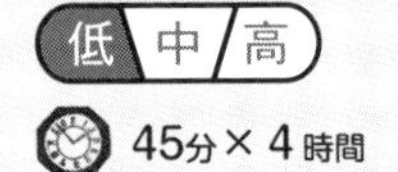

45分×4時間

たらーり，とろーり。あっ，今度はネズミに見える

材料 絵の具，PVA 洗濯のり，画用紙（4つ切を正方形に切る）

用具 カップ，スプーンかスポイト，タブレット PC，クレヨンやペン等の描画材料

題材の目標
絵の具をたらす活動を楽しみ，その偶然の模様から見立てたものやことを，想像を膨らませて絵に表す。

★授業の流れ

❶つかむ(15分)
正方形の紙に波線やギザギザ線などを重ねて描いたものからみんなで見立て遊びをする。本時は見立てのもとになる模様をつくることを伝える。

❷試す(60分)
のりを混ぜたトロトロ絵の具を画用紙にたらし，ゆっくり向きを変えて絵の具の軌跡の模様づくりを楽しむ。色を変えてもよい。

❸見合う(30分)
乾燥中の作品を撮影し，タブレット PC で絵を加筆してみせる。「(絵の具が乾いていなくても) タブレットの中なら何度もいろいろ試せるよ」

❹表す(75分)
自分の見立てや友達の見立てから，描きたいものやことを決めてクレヨンやペン，絵の具等で描く。描きながらも新たな見立てを楽しむ。

この題材で大切にしたいこと

模様などの不定型からの見立てをもとにして絵に表す活動では，加筆してしまった絵は描き直したくてももとに戻せません。模様をタブレット PC の中で様々に見立てて加筆することで，子どもがよく考えを比較して自分らしく決めることができるようになります。

言葉かけのポイント　「タブレットの中なら何度もいろいろ試せるよ」

トロトロ絵の具の模様ができあがると，絵の具が乾く前から見立てを始める子どもたち。本当に画用紙に描く前に，タブレット PC の中で試すのによいタイミングです。タブレット PC は，机に水平に置いて向きを変えると画用紙と同じように向きを変えて鑑賞できます。反対側で見ている子は，違う向きで見立てをし始めます。同じ模様の写真を右ページ図3のように様々に見立てを具体化し合うと，「なるほど，そういう見方があるか」と伝え合うことにつながります。

授業ライブ

絵の具をたらした模様づくりが一段落すると，絵の具が乾く前から見立てを始めています。鳥がいる，犬が見えるなど，口々に言っています。

T　絵の具が乾く前から，どんどん見立てを始めているね。こうやって，タブレットで撮影すると，見立てたものを絵に描けるよ。それに，

タブレットの中なら
何度もいろいろ試せるよ

T　グループで交替で試してね。
C1　僕の模様は全体の形がロボットみたい（図３②）。
C2　そうかぁ。私は，ゾウに見えるよ（図３③）。
C3　うん，私もゾウが見える（図３④）。
C2　ほら，右の長いところがゾウの鼻だから（図３③）。
C3　えっ，私と違う。私のゾウは左向き（図３④）。
C1　早く乾かないかな。描くこと決まったよ。

自分の見立てを具体化したり，友達が同じ模様から違う見立てを思いついたことを示されたりすると，よく考えてから絵を描くようになります。

次の週の図画工作では，もう一度見立てをし直して友達の見立てという新たな選択肢をもちながら自分で決めて加筆をしました。

> ※アプリ紹介
> 「みつけた顔にマークアップ」（P.120）と関連します。写真にお絵かき機能が加わったアプリなら何でも使えます。宮城県で開発されたアプリ「miyagiTouch」もおすすめです。iPadでは写真を撮って，編集→⊙→マークアップと選択すると手描き機能のマークアップが使えます。

（北川）

授業ギャラリー

図１　１枚目の模様ができたら廊下で乾かす。大胆な模様，細やかな模様などを見合ってから２枚目に挑戦

図２　iPad の写真アプリのマークアップ機能で簡単に手描き入力できるので，本物の紙に描く前にいろいろ試せる

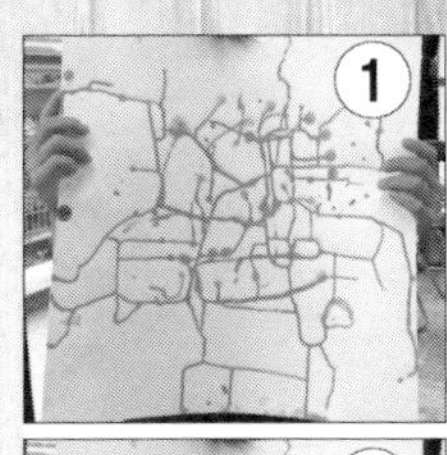

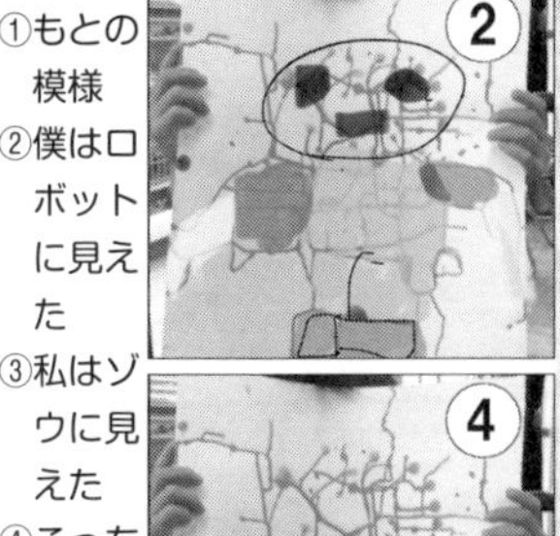

図３　見立ては同じ「ゾウ」でも，描いたら違っていた！

14 太いふででグングンかこう

チーターみたいな絵の具が出る島

低 中 高

45分×2時間

材料 共同絵の具（ポスターカラー系），中性洗剤，４つ切画用紙（１人２，３枚）

用具 太めの筆，絵の具の容器，霧吹きか水差し

題材の目標
共同絵の具を交換しながら絵を描き，腕を大きく動かした筆づかいの楽しさや絵の具の伸び，色の組合せや重なりの美しさを味わう。

★授業の流れ

❶出会う（５分）	❷つかむ（５分）	❸表す①（30分）	❹見る・表す②（50分）
短いお話で想像を膨らませる。（例）「太陽の国にはいろいろな太陽が…」「ぐるぐるの世界には…」「あるところに絵の具島がありました…」	共同絵の具を容器に入れて筆を１本さしたものを交換しながら，絵を描くことを伝える。『「貸して」「いいよ」で仲良くかこう』	お話から想像を膨らませて大きな筆づかいで描く。「赤貸して」「いいよ，待ってて」「わあ，その描き方いいね」のように関わり合いながら描く。	乾かすコーナーや廊下に作品を並べて乾かし，２枚目を描く。絵の具の世界に囲まれる感じを鑑賞しながら描き進める。

この題材で大切にしたいこと

個人絵の具とは違う，共同絵の具のたっぷりとした絵の具や太い筆による描き味のよさを味わう活動です。絵の具に中性洗剤（界面活性剤）を少したらすと扱いやすさが増します。

言葉かけのポイント 「「貸して」「いいよ」で仲良くかこう」

図画工作の時間には，席を離れて友達のところに行っても叱られません。むしろ，関わり合いながらの学び合いのためにはどんどん離席させたいものです。そこで，共同絵の具の容器と筆を１つのセットにして交換し合うようにさせます。「貸して」「いいよ」は，魔法の言葉です。借りるほうも貸すほうも気持ちがよくなります。30人の子どもなら35～40ぐらいのセットだけ用意します。多く用意し過ぎず，関わり合って貸し借りしないと描き進められない状況をつくることがコミュニケーションを生む重要なポイントです。

授業ギャラリー

授業ライブ

導入の短い「お話」の後，共同絵の具の扱い方と約束を確認します。

T　青い絵の具をかき混ぜて，硬かったら水を少し足して…。ほら，いい感じ。そして，グルグルグルッ，シュッ！

C1　わあきれい。早く描きたいな。

T　みんなで使う「共同絵の具」だから，

「貸して」「いいよ」で仲良くかこう

C2　私は，赤の絵の具で描こう。

C3　私は青。よし！…ねえ，赤を貸して。

C2　いいよ，次ね。

C3　ありがとう。点々の描き方いいね。

C4　先生，できました。

T　じゃあ，「ろうか美術館」に並べておいてね。

C5　みんなの描き方，すごく面白い。

C4　新しい画用紙をください。

T　黒い画用紙もあるよ。絵の具の世界の夜の場面も描けるよ。

絵の具の貸し借りは，コミュニケーションのきっかけです。「ろうか美術館」も「乾燥中は鑑賞中」で，自他の見合いや自己の振り返りの手立てです。本題材は，立派な作品を仕上げることよりも，子ども同士が学び合ったり分かり合ったりすることを主眼にして考えました。

※共同絵の具について
・四角い容器は筆が転がりにくく，おすすめです。
・「サクラ工作ポスターカラー」「ぺんてる共同制作絵の具」等は最初から洗剤成分が入っており，容器の中で乾燥しても水で戻せるので無駄なく使えます。

（北川）

図1　たっぷり絵の具は，よく伸びて気持ちいい！

図2　「黄色貸して」「いいよ」「また後で借りにいくね」

図3　廊下に並べて，「乾燥中は鑑賞中」

あのね，キャンプに行って，それから…

15 どんなことがあったの？

低/中/高

～スライドお絵描き～

45分×1～2時間

材料 15×20cm 程度の台紙用画用紙，10×30cm 程度の描画用コピー紙

用具 身近な描画用具（水性カラーペン，色鉛筆，プラスチック色鉛筆）

題材の目標
自分の生活で経験したことや，心に残っている出来事を思いつくまま絵に表す。

★授業の流れ

❶導入（5分）	❷つくる（15分）	❸描く（50分）	❹スライド発表会（20分）
夏休みの出来事や，この１週間にあったことなど，心に残った自分の生活の出来事を思い起こす。	スライドする仕組みを紙でつくる。カッターナイフが使える場合は，自分で切り込みを入れる。	自分の生活で経験したことや，心に残っている出来事を，時系列に思い出し，紙をスライドさせて絵に表す。	グループの友達などとスライドさせながら絵を相互鑑賞し，お互いの作品のよさや面白さを感じる。

この題材で大切にしたいこと

自分が経験したことなどを絵に表す生活画の題材です。主題と場面を決めて描くことが一般的です。しかし，子どもの経験には個人差があり，なかなか主題が決められない子どもは苦手意識をもちやすいものです。そこで，横にスライドする「動く画面」にして描くことにします。すると際立った出来事や主題性よりも，時間の経過の中で起こった「普通の出来事」を，まるでお話を紡ぐように描くことができます。

言葉かけのポイント　「この次はどんなことがあったのかな？」

絵に表す学習では「何を描いたらいいのか分からない」子どもへの支援に悩みます。この題材では「１枚の絵」を描くのではないため，「これの次にこんなことがあったんだね」というように，その子が経験した時間の流れに寄り添うことで，声かけのきっかけをつかみやすいのです。さらに，「次はどんなことがあったの？」と問うことで，発想を促せます。「すぐに思いつかなくても大丈夫」「すごいことを描く必要はないんだ」という安心感をもたせます。

授業ライブ

夏休み明けの授業。スライドお絵描きの方法を理解し，個々に夏休みの出来事を思い出しながら絵に表し始めた子どもたち。でも，何を描いていいのか分からず手が止まって困っている子どもがいます。

T　キャンプに行ったんだね！　楽しそうだね。家族で行ったのかな？

C　うん。そうなんだけど，キャンプしか行ってないから何も描けない。

T　そんなことはないよ，大丈夫。すごい出来事じゃなくていいんだよ。

この次はどんなことがあったのかな？

T　キャンプに行った次の日は何をしてたの？

C　家でゴロゴロ，ゲームをやったりしたと思う。

T　１人で？

C　兄弟で遊んだ。

T　それ描けるね。そんなふうに思い出していくだけで描けることがきっとあるよ。

C　家族でアイス食べた！

T　それも描けるね！

「次は何があったのかな？」という声かけによって，スライドの紙を継ぎ足すほどに描いていくことができました。子どもは「描けない」「できない」と思い込んでしまうと，先に進めなくなることがあります。この学習では，「次は何があったのかな？　ご飯は何か食べたの？」というようにして，教師にも身近な出来事をきっかけに背中を押してあげることが大切です。発想の糸口が見えたことで，どんどん描いていくことができていました。

（笠）

授業ギャラリー

図１　まずは海に行ったんだよね～

図２　うーん，この次何描こうかな…

図３　家族でアイスを食べたよ！

16 屋上いっぱいお絵描き

低 中 高

45分×2時間

私より大きな絵！　すごいでしょ！

材料　なし

用具　チョーク

題材の目標

屋上などの大きな場所に身体全体を使って線や形を描くことを楽しむ。

★授業の流れ

❶つかむ(10分)	❷描く(50分)	❸見合って遊ぶ(15分)	❹片付ける(15分)
屋上に自分の身体より大きく描く活動であることをつかむ。	チョークを使って，自分や友達の身体よりも大きな線や絵を描く。	自分より大きな絵を簡単に発表し，お絵描きを探検するように見合う。	学校の迷惑にならないように必要な片付けを行う。

この題材で大切にしたいこと

大きな場所に思い切り絵を描く活動を通して，心を解き放ち，造形表現活動の楽しさを存分に味わう題材です。屋外での活動ですので，よい季節を選んで実施します。昔は，街中の路地などが多く，チョークなどで絵を描いて遊ぶことが楽しかったものです。少し，悪いことをしているようなハラハラさもありながら，道行く大人から「上手だね！」と声をかけられることもありました。今の子どもたちにはそうした経験が極めて不足しています。図画工作の年間カリキュラムの中に，こうした時間と場所を確保することは，教科の役割として大切だと私は考えています。

言葉かけのポイント　「自分の身体より大きな絵を描こう」

どの子にも大きく描く楽しさと開放感を味わわせましょう。そこで「今日は，自分の身体より大きな絵を描くよ！」と，身体の大きさを意識させる言葉かけをします。自分より大きな絵を描くことで，絵に対して苦手意識をもっている子にも「できた！」「気持ちいい！」という満足感や達成感を味わわせることができます。

授業ライブ

T　さあ，今日はいい天気だし屋上にいっぱいお絵描きしよう！

C1　やったー!!　絵描いちゃっていいの?!

T　大丈夫だよ！

この屋上に，自分の身体より大きな絵を描こう！

C2　できるできる!!　早くやりたいよ！

T　オッケー。では準備体操ならぬ，準備お絵描きしてから始めようよ。まずお友達とぶつからないように広がって。

C3　オッケー！

T　そうしたら自分がすっぽり入れるような「丸」を描いてみよう！

C4　簡単簡単～。

T　みんなすごいね！　自分が入れるね～さすがだな。自分の身体より大きいってこういうことだよね。それじゃあ始めてみよう！

C5　先生！　他の色のチョークも使いたいよ！

「身体の大きさを意識する言葉かけ」によって，どの子どもも全身で描く活動を楽しむことができていました。特に普段イメージをもつことが苦手な子や，友達との関わりが弱い子が，自分の思いを大切にしながら，１人で描いたり，友達と自然につながったりする姿が多く見られました。最後は屋上全体を散歩するように鑑賞を楽しみました。

「この人の形，僕より大きいよ！」「迷路になってる～面白いね！」「けんけんぱって跳んで遊べるよ」など，大きな絵の楽しさを見つけ合うことができていました。

（笠）

授業ギャラリー

図１　自分より大きい丸から秘密基地になった！

図２　恐竜だー！　２人で描くよ！

図３　どう！　大きいでしょ！

17 心に残ったできごとを描こう

低 中 高

45分×4時間

太陽の塔を見に行ったよ！

材料 画用紙，色画用紙，リサイクル紙片

用具 身近な描画用具（共同絵の具，カラーペン，パステルクレヨン，鉛筆など），はさみ，のりなど

題材の目標
心に残っていることから主題を考え，描いたものを組み合わせるなど表し方を工夫して絵に表す。

★授業の流れ

❶主題を決める（20分）
心に残っている事柄を思い浮かべ，その中から１つ選び，絵の主題を決める。その主題に合う色の用紙を選ぶ。

❷描く（45分）
選んだ紙に，自分で描画材を選んで，心に残っているイメージを自由に描く。

❸振り返る（15分）
ここまでの，自分の絵について「気に入っている部分はどこか」を視点に振り返る。

❹絵をつくる（100分）
気に入った部分を別の紙に貼ったりそこから新たに絵を描き加えたりして絵をつくる。

この題材で大切にしたいこと

心に残った出来事を絵に表す「生活画」です。長期休業明けなどに，思い出や，ささやかな日常を振り返らせることを通して，日々の大切さに気付かせたいものです。子ども一人一人の自然な思いや表し方，描き方を引き出し，大切にしたい題材です。

言葉かけのポイント　「ここまでの自分の絵の中で，気に入ってる部分はどこ？」

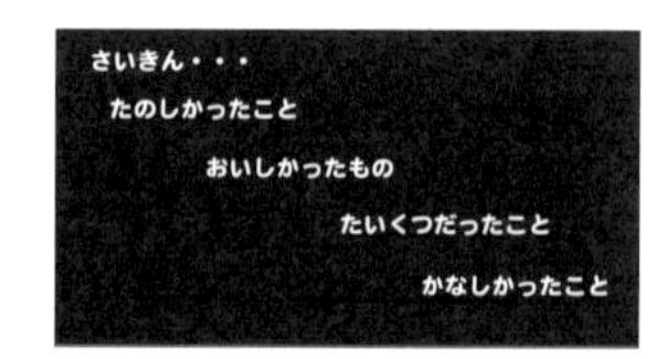

ある程度描いたところで振り返ります。そこで次の言葉かけをします。「ここまでの自分の絵の中で，気に入ってる部分はどこ？」。すると，うまく描けていないと感じている子どもも「でも，ここは気に入ってるかも」という捉え方ができます。その部分を生かして次の展開につなげるのです。例えば，気に入った部分を切り取り，別の紙に貼って描き加えていったり，切り込みを入れて，絵の一部に動く仕掛けを加えたりします。「絵を描く」ことから「絵をつくる」活動へと展開することで意欲が高まり，思いや表現の工夫が広がっていくのです。

授業ギャラリー

授業ライブ

心に残っている出来事から，テーマを決め，そのテーマに似合う色の色画用紙を選び，まず自由に描きます。全員の紙の上に，イメージが現れてきて少ししたタイミングです（図１）。

T　どう？　ここまでの絵は気に入ってる？
C1　全然気に入らない！　幼稚園生の絵みたい。
T　そうかあ…でも例えばね，

「ここは悪くないなあ」「ここは気に入ってるなあ」という部分はどこかな？

C2　まあ，木の部分はいいかな（図２）。
C3　私は全部気に入ってるけど。
T　もちろん全部気に入ってる人は，そのまま描いていいよね。例えば，C2さんのように「気に入ってる部分」を見つけたら，そこだけ切って，別の紙に貼ってみたらどうだろう？
C4　それいいかも！　やりたいやりたい！
T　実は，先生，小学生の時の図工でね，いつも「描き直したいなあ」って思ってたんだ。でも，最初から描き直すって実はもったいないよね。よく見ると気に入ってる部分もあるんだもん。だから，そこを生かして「つくりかえていく」のはありなんじゃないかな。
C5　先生，カッター使っていい？　前にやった動くお絵描きみたいにしたい！
T　それも，面白いね！

この言葉かけによって，子どもたちは自分らしくイメージを描いていきました。切ったり貼ったり描いたり，まさに「絵をつくる」時間になりました。動く仕掛けを取り入れる子も現れ，友達にその時の様子を話す姿がありました（図３）。

（笠）

図１　るんるん，どんどん描いちゃうよ！

図２　木だけ切って別の紙に貼って描きかえるよ！

図３　韓国への家族旅行で嵐にあったんだ！

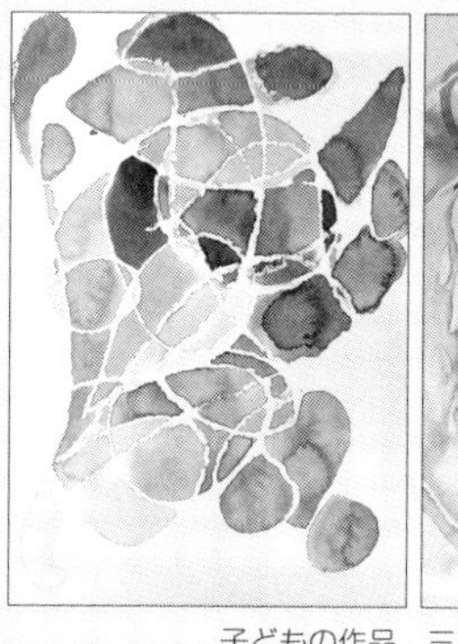

18 三原色でつくる無限

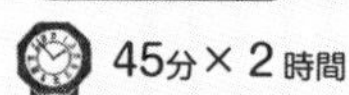
45分×2時間

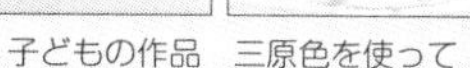
子どもの作品　三原色を使って

材料　絵の具（赤，青，黄），16切画用紙

用具　面相筆，絵の具用の皿，その他絵の具道具一式（ティッシュ，雑巾など）

題材の目標

三原色を使って色をつくりだすことを通して，水彩絵の具の混色やにじみ，たらし込みなどの技法の特徴を感覚的に知ることができる。使い方の視点を変えて作品をつくることを通して，道具を使いこなす意欲を高めることができる。

★授業の流れ

❶導入（5分）
低学年の勉強を想起し，三原色（赤，青，黄）について考える。色環的なつながりを意識し，混色などの技法を使うことを確認する。

❷用具の説明（10分）
三原色だけを使って色をつくりだす課題であることを伝え，シンプルな皿や面相筆などの道具を使うことを確認する。

❸展開①（30分）
画用紙に白いクレヨンで描いたランダムな線の上に水を敷き，三原色を基に少しずつ混ぜ，自分なりの色合いをつくっていく。

❹鑑賞・展開②（45分）
何度か試すうち，微妙で繊細な色の混ぜ方を工夫し，自分なりの色合いをつくりだしていく。

この題材で大切にしたいこと

高学年でも絵の具の指導が難しいとの現場の声があります。絵が苦手だとする子どもたちも，課題には絵の具を使うとき思うようにうまくいかないといいます。水加減や筆の使い方，絵の具の量，道具の使い方など，使いこなすには情報多々な教材なのです。本実践は，水彩絵の具の指導が中心のどちらかといえば技術・技能面が強い題材です。使い方に特化することで，水彩絵の具の特性を知り，自分の使える選択肢として定着させてあげたいと思います。

言葉かけのポイント　「ホントに無限なのか確かめてみますよ？」

ローラーや筆，手などを駆使し，低学年から身体全体で楽しみながら絵の具に取り組んでいる子どもたちです。どちらかというと，やってみてできた勢い勝負の抽象的なこれまでの活動のよさを踏まえ，ここでは水加減を中心とした丁寧な使い方の獲得をねらいとします。うまくいって繊細な色合いに届いている子をみとり，評価してあげることで，道具を自分でコントロールできる楽しさや面白さ，有能感を味わわせてあげたいと思います。

授業ライブ（導入の場面で）

三原色（赤，青，黄）について下記のような声をつなげ，子どもたちに活動の見通しをもたせます。

T　なぜ三原色というのかな？
C1　赤，青，黄の３つがあれば全ての色がつくれるってこと聞いたよ。
C2　赤と青，黄の間には，たくさんの色があるよね。
C3　例えば赤と青の間は言葉では「むらさき」といえるけどその色は１つじゃないよね。
C4　何個くらいつくれるかな。
C5　たぶん数えられないでしょ，無限だよ。

本当に無限なのか確かめてみますよ？

上記のようなやり取りから，無限の色が本当に可能なのか，絵の具で自分なりに極めてみることを課題としました。三原色だけを使うので，今回はいつものパレットでなく，皿を使いました。繊細な色合いにつなげるため，面相筆も使わせてみました（図１）。色合いをつくることが課題なので，モチーフは白いクレヨンで，ランダムな線や○，△など幾何学的な模様としました。画用紙に最初に水を敷き，クレヨンの油で表面張力が起こる中に，水で溶いた絵の具を少しずつさしていくよう指導しました（注）。

最初は色を次々とつくりだすことへ夢中になる姿があります（図３）。関わり合いから少しずつ自分の抽象的な作品にシフトする姿になります。

※注　子どもたちの自分なりの作品につなげる絵の指導として，「虹色の花」（『手軽でカンタン！子どもが夢中になる！筑波の図画工作　指導アイデア＆題材ネタ50』）もご参考ください。

（仲嶺）

授業ギャラリー

図１　道具一式　皿は予備があるとよい

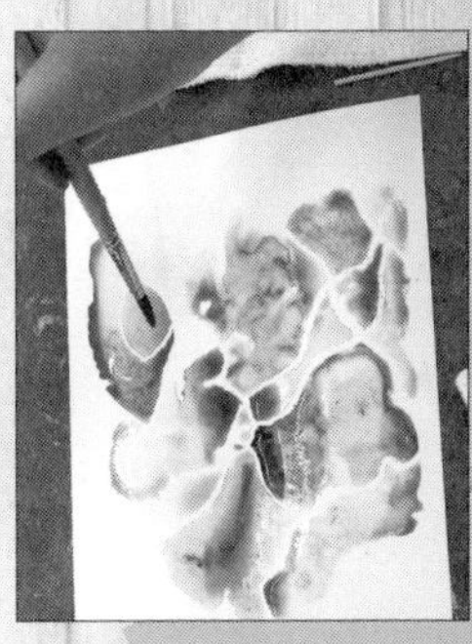

図２　繊細な色合いのポイントは水加減

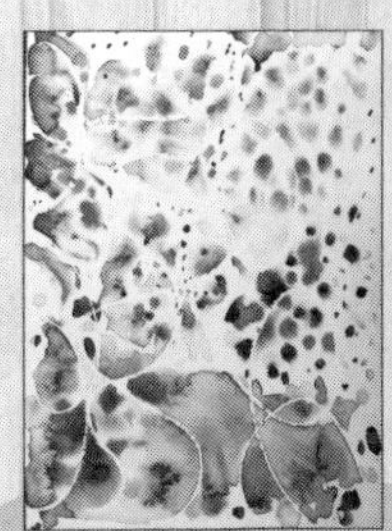

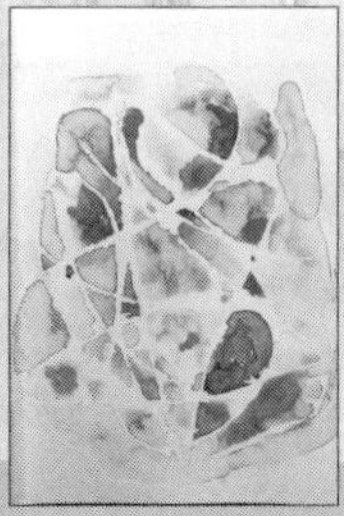

図３　様々な色をつくりだしていく

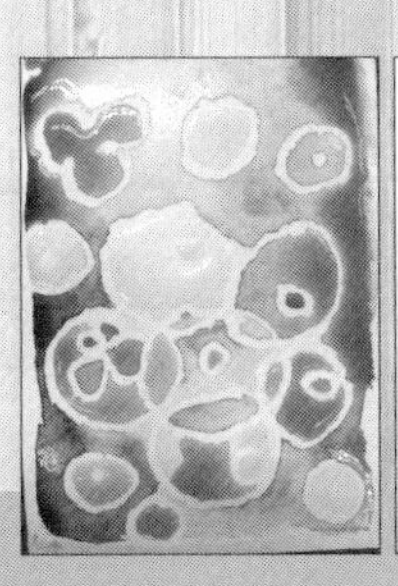

図４　子どもたちの発達段階を踏まえて，下の学年では32切画用紙でもいいですね

19 この色目立つね！

～補色的な色合いを楽しむ～

みんなで合わせて１つの絵に！

低　中　高

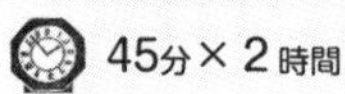
45分×２時間

材料 折り紙，64切画用紙

用具 クレヨン，ネームペン，定規，コンパスなど

題材の目標
色の並びを仲間とともに感覚的に考えることで，きまりがあることを感じ取る。円状になった色の並び（色環）の，対角線上に並ぶ色の組合せで抽象的な絵をつくることを通して，調和のとれた配色のよさを楽しむことができる。

★授業の流れ

❶出会う(15分)	❷試す(10分)	❸作品づくり(35分)	❹見る・つくる(30分)
ランダムに置いた折り紙を，「並べる」活動を通して，きまりがあることを感覚的に捉える。	みんなでつくり上げた色の円（色環）の対角に位置する色に着目して，絵をつくる授業条件を確認する。	使う色の組合せ（補色的）を限定した絵の描き方のよさを味わい，自分なりの色合いをつくりだす。	みんなでつくった絵を並べたときに見える目立つ色彩（補色の位置）のよさを感じ，自分の描き方をより豊かにしていく。

この題材で大切にしたいこと

感覚的に色の並びを考えてもらうことを通して，絵のつくり方を豊かに育む題材です。どちらかというと技能・技術的な内容が強い題材です。低学年では，絵の具などをとことん混ぜ合わせ，時には色がにごることも感覚的に学んでいます。ここでは色の規則性を感覚的に知ることで色感を豊かに育みます。実践では，なぜ信号が赤と青（緑）なのかにも気付く姿となりました。

言葉かけのポイント　「これらの折り紙を並べます。何かきまりは探せるかな？」

色の規則性（色環的）に気付かせるため，導入では三原色（赤，青，黄）の折り紙を三角形の位置で黒板に貼りました。色環をつくる色の折り紙を10枚程度提示して，並びの規則性を探らせました。実践では白や桃色など色環にない色群も加えたところ，色相にも迫ろうとする姿になりました。「緑と赤の組合せはそれぞれが目立つね。ほかの色でもできるのかな…」「だったら黄色だと何色と合うのかな…」。感覚的に考えを深めようとする姿につながりました。

授業ライブ（導入の場面で）

赤，青，黄の折り紙を黒板に貼り付けました。子どもたちは「信号！」「三原色！」と口々に言います。中には「色のだよね。だって光だと黄色じゃなく緑だからね」なんて科学的見地から意見する子もいます。「じゃあその緑はどこに置けばいいかな」と返しました。子どもたちは写真のように置きます。

これらの折り紙を並べます
何かきまりは探せるかな？

C1　ほかの色も並べてみたいな。
C2　もしかしてみんな丸くつながるんじゃないかな。
C3　あれこの色（桃色）だけなんか変な感じだな。
C4　たぶん円には並ばないよね。
C5　赤の近くだってことは何となく分かるけどね。

感覚的に色環的なつながりをみんなで発見し，色相にも迫ろうとする議論となりました（図1）。

補色的な色に気付かせたいため，緑とその反対に位置する赤で抽象的な絵に取り組んでもらいました。使うクレヨンは緑の仲間３本と赤で４本としました。64切画用紙に定規とコンパスで幾何学模様を描き，線で囲まれたところを４色で塗り分けさせて，赤を使うところは１か所だけとしました。作品は黒板に並べていきました。

C6　みんなの絵が並ぶときれいだぞ。
C7　みんなで１つの絵のようだね。
C8　あれ？　緑の中だと赤がすごく目立つね…あっなるほど，そういうことか!!

（仲嶺）

授業ギャラリー

図１　桃色はこんな感じで円の外につながるのかな

図２　力を入れて色をはっきりと…

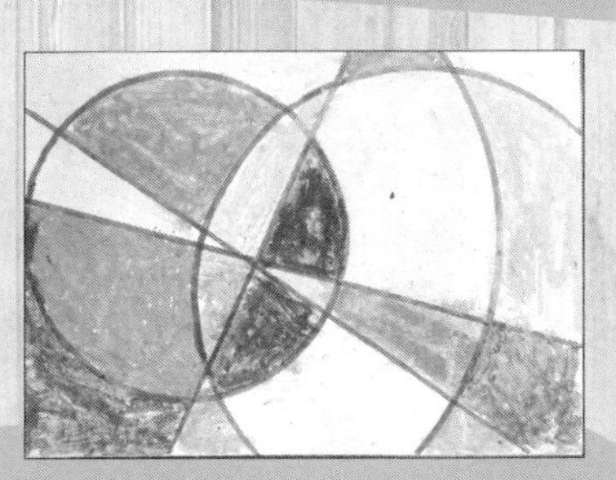

図３　子どもの作品「赤があると緑も目立つな」

図４　黄色とむらさきでもつくってみたよ

20 線でウォーク

低 中 高

45分×2時間（絵の具の片付けを含む）

ここを遊び場にしようよ！

材料　グループで活動できる大きさの模造紙または画用紙

用具　パステルクレヨン，個人絵の具

題材の目標
言葉の感じを基に自分らしく線で表し，さらに友達とイメージを広げて絵に表す。

★ 授業の流れ

❶つかむ（5分）	❷描く①（40分）	❸広げる（20分）	❹塗る・描く②（25分）
言葉を基に一人一人線を描いていくことや，他の人はそれを見ることなど，グループ活動の方法やルールをつかむ。	教師の発問から考えパステルクレヨンを用いて線で表す①自分の家を描く②歩く感じの線③電話の電波の感じの線など。	グループで描いた線をもとに発想を広げて，街などをパステルクレヨンで描き足していく。	個人絵の具や共同絵の具を用いて色を塗ったり，さらに描き足したりする。

この題材で大切にしたいこと

お絵描きゲームのように，仲間と「線」でコミュニケーションしながらイメージを広げていきます。「歩いている感じの線」「電波の線」「スキップしている感じの線」など，教師の提示する「言葉から受ける感じを線に置き換える」ことで造形的な見方や考え方を育みます。

言葉かけのポイント　「歩いている感じを線で表すと？　電波の感じを線で表すと？」

「自分の家から友達の家に歩いて出かけ，電話をかけ，街の遊び場にスキップや電車で集合する」というストーリーの中で，「線」という造形的視点の理解へ導く言葉かけです。ここで紹介するものは1例であり，「次はどんな線を描こうか？」など，子どもからアイデアを引き出す言葉を投げかけてもいいでしょう。大切なことは，教師も一緒に楽しむ姿勢をもつことで「言葉かけ」が生き生きとします。これが子どもにも伝わり，意欲を引き出すことにつながるのです。

授業ライブ

4～6人で大きな紙（全紙ほどの大きさ）を使います。まず，4つの角や辺の部分に，それぞれの「家」を描くことからスタートします。そして次のような発問で活動を展開していきます。

まずは，友達の家に歩いて遊びに行こう「歩いている感じ」を線で表すと，どんな線かな？

T　誰か黒板に描いてみてくれない？
C1　こんなふうにゆっくり描くかな。
C2　くねくねした線だと思う。
T　一人一人順番に，隣の友達の家まで描いていきましょう。そのとき，周りのお友達は，必ず見ていてください。たどり着きそうになったら，今度はその家の人がスタートします（図1）。
C3　家が留守で会えないってことだ！《順番に歩く感じの線で自分の家から友達の家まで描く》

みんな家が留守だったね～
じゃあ，次は電話で約束をしよう
友達に届くように電波の線を描こう！

《順番に電波の感じの線で友達の居場所まで描く》
T　どんな感じの線になったかな？
C4　ギザギザした線で描きました。
C5　僕は点々で描いたよ！

最後は，集合場所を決めて，そこまでスキップの線で集まろうよ！

この一連の言葉かけによりイメージと線を結びつけていった子どもたち。歩いた線やスキップの線を「道」として，絵の具も使いながら大きな街の絵へと展開させました（図3・4）。（笠）

授業ギャラリー

図1　友達の家まで歩いてる感じの線で!!

図2　僕はここにいるからここに電波を送って!!

図3　お店を描いて…

図4　みんなの街になってきたよ！色を塗ろう！

21 私のレモンはどのレモン？

低 中 高　～ニューバージョン～

45分×1～2時間

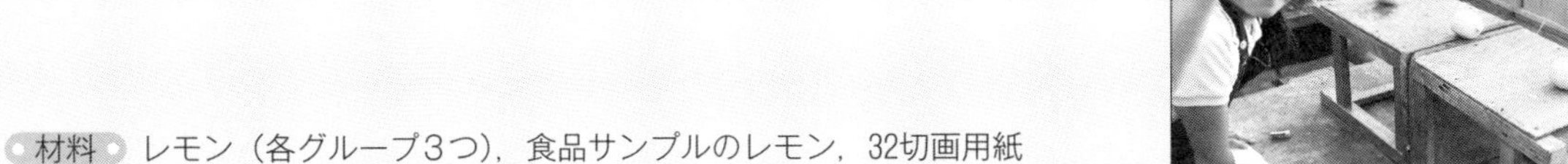

私のレモンはどのレモン？

材料　レモン（各グループ3つ），食品サンプルのレモン，32切画用紙

用具　鉛筆（濃いものがよい）

題材の目標

対象を見る活動を楽しみ，どのレモンを描いたかが伝わるように描き方を自分らしく工夫して表す。

★授業の流れ

❶気付く（10分）	❷つかむ（5分）	❸描く（15分）	❹味わう（80分）
3つのレモンの中から「にせもの」はどれかを当てるゲームをする。	教師が，どのレモンを描いているか当てるゲームをする。	各グループに置かれた3つのレモンの中から，1つを選んで鉛筆で描く。	描いたレモンが，3つのうちどのレモンなのかを友達と当て合う。

この題材で大切にしたいこと

高学年の「見て描く」ことを楽しむ題材です。特に「見たくなる仕掛けと言葉かけ」による導入の展開が大切です。形や色，質感など造形的な特徴を子ども自身が気付き，見ること，描くことを行き来しながら，自分らしく対象を捉える力を培います。

言葉かけのポイント　「にせもののレモンはどれ？」

教室の前方まん中に，レモンを３つ並べておきます。この中に１つだけ「食品サンプル」のレモン，つまりにせものを入れておくのです。「実は，この中ににせもののレモンがあるんだけど，どれか分かるかな？」。子どもたちは，見るために猛然とレモンの近くにやってきます。「どうして，それがにせものだと思うの？」。「黄色すぎてにせものっぽい（色）」「両端の膨らみが不自然（形）」「つぶつぶが少ない（質感）」。これらは造形的な視点への気付きです。これを共有することが，その後描いていくための手がかりになっていくのです。

授業ライブ

教室の前方に机を置き，本物のレモン２個と食品サンプルのレモンを１個並べておきます（端からA，B，C）。

T　今日はまずクイズをやろう。これは何でしょう？　前に来てもいいよ（図１）。

C1　レモン！

T　見れば分かるよね～そのとおりレモンだね。でも実は！　この中に「にせもののレモン」が１つだけあります。

さあ，にせもののレモンはどれでしょう？

C1　絶対Ｃでしょ！

C2　いやAだよ！

T　じゃあ，聞いてみよう。Aだと思う人！　Bだと思う人！　Ｃだと思う人！　意見が分かれたね…。

C3　先生！　理由が言えます！

T　にせものだと思う理由？　どうぞ。

C4　Aなんだけど黄色すぎる。ワザとらしい。

T　なるほど，この黄色はうそっぽいということだね。

C5　僕はBだと思うよ！　だって形が整いすぎてるんだもん！

T　どこの形が整いすぎてるの？　黒板に描いてみて（図２）。

この言葉かけから生まれる対話によって，レモンの造形的な特徴を捉えていきました。その後，３つのレモンの１つを見て描き，「私のレモンはどれか？」を仲間に当ててもらう活動へと展開していきました。見て描くことは難しく苦手意識をもちやすいものですが，どの子どもも楽しく活動することができました（図３）。　（笠）

授業ギャラリー

図１　にせもののレモンはどーれだ?!

図２　B（まん中）のレモンがにせものでしょ！
だって形が整いすぎてるよ。こんな感じに…

図３　絶対当ててもらうぞ！
だからよく見て描こう！

絵の具が踊る。明るい気持ちになれる感じ

22 みるみる·ぬるヌル·ローラーアート

低 中 高

45分×2時間

材料　共同絵の具，ロール紙，模造紙，画用紙等

用具　版画スポンジローラー，練り板，化粧パフ，スポンジ，マスキングテープ等

題材の目標
ローラーテクニックを試して形や色のイメージを感じ取りながら，自分の表したいイメージや作品を飾る場所のイメージに合った表現を目指して，表し方を工夫する。

★授業の流れ

❶出会う(15分)	❷試す(30分)	❸つかむ(15分)	❹表す(30分)
ローラーアートの作品を校内に飾って，場所のイメージを変えることを伝える。用具の扱い方の基本を確認しながら，効果的な方法を予想する。	「自分が好きな感じ」や「飾る場所のイメージ」をキーワードにして1枚目のローラーアートを試す。試しながら変化する考えも大切にする。	試しの作品をもとに，自分のイメージや，場所との関わりについて発表し合う。話し合った中からの気付きをもとに，2枚目の作品に挑む。	「体育館だから跳ねる線と色にしたい」「朝に明るい気持ちになるように教室の入口に貼りたい」などの思いを抱いて作品づくりに挑む。

この題材で大切にしたいこと

「この場所に貼る」というイメージは，作品の内容に影響します。遊ぶようにローラーアートを試しながら，「場所のイメージに合うかな」「あの場所をいつもと違うイメージに変えられるかな」のように意識することで，「表す自分」と「見る自分」が同居した状態で表現します。

言葉かけのポイント　「「この場所でこんな気分を感じたい」を目指して形と色を工夫しよう」

ローラーアートは，低学年でも楽しめる活動です。高学年ならば，「表してから気付く」ばかりではなく，「表しながら考える」や「考えてから表す」ことにも挑ませたいものです。やったことがある技法や初めて試す技法などからの印象，形と色の印象などを感じて考えながらの表現活動へいざないます。そのために，「場所」をキーワードにして言葉かけをします。

授業ライブ

ローラーアートの用具と基本的な使い方を実演を通して確認します。化粧パフやマスキングテープなども使うと表現の幅が広がります。

T　ローラー以外に，ちぎったスポンジで描いた線も使えるよ。よし，どんな感じ？

C1　わあ，きれい。くねくねしてるね。

C2　何か，弾んでる感じ。元気な感じ。

T　今日はね，「自分が好きな感じ」も大切にするけれど，「どの場所に飾りたいか」を考えながら描きます。先生の絵なら，どう？

C3　昇降口に飾ると，元気をもらえそう。

T　大きな紙を２枚ぐらいあげられるからね。まず１枚目は，どんな感じになるか試して，表しながら考えよう。

「この場所でこんな気分を感じたい」を目指して形と色を工夫しよう

C4　大好きな音楽室に飾りたいな。音が広がる感じや，響く感じに。まずは黄色かな。

C5　弾む感じにして，体育館に飾りたいな。

C6　思いつかないけど，黄緑のローラーを塗ったらバケツ稲の守り神ができそうな気がした。

初めから明確に思いつく必要はありません。試しを30分ほどで一旦止めて（予告しておく），その段階での見合いをします。既に窓に貼った子もいます。中間鑑賞では，子どもたちの相互鑑賞の中から言葉を拾います。落ち着く形・色，心が軽くなる形・色，燃える形・色，軽いリズム，どっしりしたリズム，余白の面白さ…。子どもたちの気付きは，子どもたちの生み出した知識・技能です。キーワードとして板書し，後半の表現に生かせるようにしましょう。（北川）

授業ギャラリー

図１　ローラーの太いくねくね線。スポンジで太い線・細い線・スタンピング。「えのぐのにじから（P.46）」のへラの表現など，使う技法は子どもが選ぶ

図２　「虹みたい。校庭への出口に貼って，晴天祈願だ」目につく掲示で，活動中にも目にとまる

図３　先に貼ったマスキングテープをはがして…。子どもが考えた方法は，友達にも影響し合う

23 むにゅっち

低／中／高

45分×1～2時間

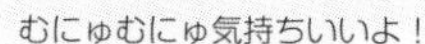
むにゅむにゅ気持ちいいよ！

材料 コピー用紙（A5），お花紙，シュレッダー屑，綿，毛糸

用具 はさみ，ホチキス，身近な描画用具（カラーペンなど）

題材の目標
はさみやホチキスを正しく使い，手ざわりのいい人形をつくる。

★授業の流れ

❶つかむ（10分）	❷つくる①（30分）	❸出会う（5分）	❹試す・つくる②（45分）
コピー用紙とシュレッダー屑で「むにゅっち」のつくり方をつかむ。	用具を正しく使い，「むにゅっち」をつくる。	お花紙と綿という新しい材料に出会う。	材料の組合せ方を考え，手ざわりを試しながらつくる。

この題材で大切にしたいこと

この題材で大切なことは「手ざわり」です。形や色と同じように大切な造形的視点の１つです。もう１つ大切なことは「ホチキス」に慣れ，技術を高めることです。「袋とじ」という方法を理解し，ホチキスを繰り返し練習します。失敗したときにホチキスの針を抜く指導します。感触を楽しみながら，技術を高める「技術遊び，方法遊び」の題材です。

言葉かけのポイント　「この材料を加えたらどうなるかな？」

授業の展開をつくる言葉かけです。この授業では「手ざわり」の体感を子どもが強く感じられるように，はじめは「コピー用紙とシュレッダー屑」でつくります。この材料でも「むにゅっ」とした手ざわりが楽しめます。数個つくって，「この材料を加えたらどうなるかな？」と問い，「お花紙と綿」を追加します。子どもたちは新しい手ざわりについて想像し，考えをめぐらせます。実際につくってみると「これは，ふわっちだ！」といった新しい感触を発見し，驚きと喜びがクラスに広がります。図画工作では「最初に全て提示し，説明する」ことが多くなりがちです。驚きや喜びを生み出す言葉かけを意識するとぐっと学びが深まります。

授業ライブ

板書：「むにゅっち」

A５程度のコピー用紙を半分に折り，２枚重ねてはさみで切ると同じ形ができます。これを袋にするようにホチキスで周囲を留めていきます。全て留め切る前に，中にシュレッダー屑を入れたら，毛糸と一緒に最後まで留めます。ここにペンで色をつけたり，絵を描いたりします。すると人形のような，お守りのような手ざわりの気持ちいい「むにゅっち」になります。この時間までで，１人２，３個つくりました。

T　すてきな「むにゅっち」ができたね！でね…

この材料を加えたらどうなるかな？

C1　綿だー！　気持ちよさそうー！
C2　お花紙の黄色が使いたいな～。
C3　先生！　組み合わせてもいいの？
T　え？　例えば？
C3　綿とシュレッダー屑を一緒に入れるとか。
T　へえー，そんなこと先生考えてなかったよ！みんなどう？　組み合わせても大丈夫？
C4　大丈夫！　ありだよ！
T　そう，では，組合せありね。それじゃあ，今までの「むにゅっち」に仲間を増やしてあげよう！

お花紙と綿の組合せを試した子どもから「すごーい！　最高に気持ちいい～～ふわっふわだよ！」という驚きの声が出ました。さらに，コピー用紙とお花紙を重ねたり，シュレッダー屑と綿を微妙に調合したりして新しい手ざわりを試していました。友達とお互いのむにゅっちの手ざわりを味わい合う姿もありました。（笠）

授業ギャラリー

図１　まずは２枚重ねて同じ形になるように切るよ

図２　周囲をホチキスでしっかり！

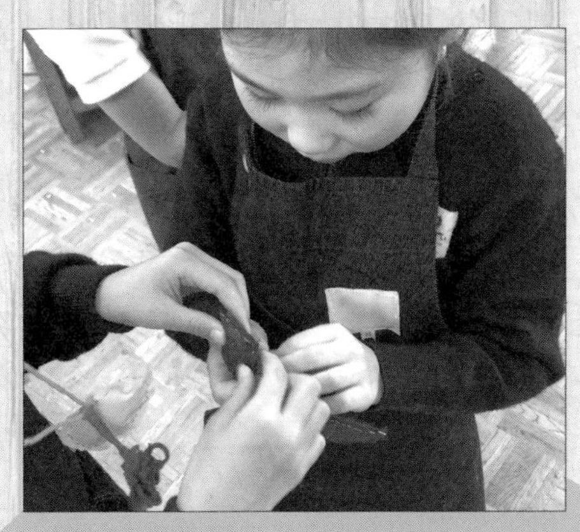

図３　見て見て！　材料変えたら「ふわっち」になったよ！

24 まい・ゆらっち

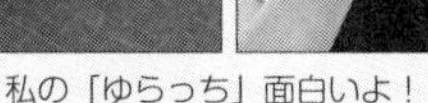
私の「ゆらっち」面白いよ！

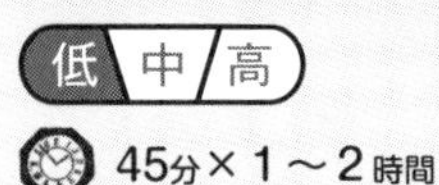

45分×1～2時間

材料 32切の画用紙，画用紙・色画用紙のリサイクル紙片

用具 はさみ，のり，セロハンテープ，身近な描画用具（カラーペン，パステルクレヨンなど）

題材の目標
「ゆらっち」という言葉と「半分に折った画用紙」を基に，揺れる仕組みを考え工夫して表す。

★授業の流れ

❶出会う（10分）	❷つくる①（30分）	❸見合う（10分）	❹つくる②（40分）
半分に折った画用紙と「ゆらっち」という言葉に出会い，話し合う。	導入での友達のアイデアも参考にしながら「揺れる仕組み」を自分のつくり方で試す，つくる。	お互いにどのような「揺れる仕組み」を考えたか発表し合う。	さらに揺れる仕組みをいくつもつくったり，揺れる仕組みからイメージを広げてつくっていったりして深める。

この題材で大切にしたいこと

従来は，紙皿を半分に折るなどして「揺れる仕組み」をつくり，そこから何かに見立てるなどイメージを広げてつくっていくことが多い題材です。しかし，本題材は「揺れる仕組み」そのものから子どもが発想することをねらいます。つまり，こうした「おもちゃ」を発明した先人たちの思考を追体験させるのです。

言葉かけのポイント　「実は先生知らないんだ…」

板書と材料

「揺れる仕組み」を想像させるためには，「教師も答えを知らない」という設定が必要です。そこで「ゆらっち」と板書をします。これが「揺れる」というイメージをもたせるキーワードです。きっかけとして「半分に折った画用紙」を手渡し（右図），次のような言葉かけをするのです。「『ゆらっち』って何だろうね？　先生知らないんだけど…」。つまり，とぼけて演技をするわけです。教師は揺れる仕組みを知ってはいますが，答えは１つではありません。何が出てくるか分からないワクワクを教師も楽しむ言葉かけです。

授業ギャラリー

授業ライブ

板書：「ゆらっち」

半分に折った32切の画用紙を配る。

T　みんな「ゆらっち」って知ってる？

C1　何それー。揺れるってこと？　先生教えて！

実は……先生知らないんだ……

C2　え～?!　何で先生知らないの？

T　ごめんねー。みんなは分かる？　さっき誰かが「揺れる」って言ってたけれど，この画用紙を使ってできるのかなあ…。

C3　できるよ！　ゆらゆらするんだよ！

T　え？　どうやるの？

C4　この画用紙を切って使ってもいいでしょ？

T　切ってもいいよね，「ゆらっち」になればいいんだもんね。（ここで，少し試す時間をとる）（図１）

T　みんなどう？　「ゆらっち」ってどんな感じになりそう？

C5　僕のはこんな感じだよ（図２）。

T　何だか，やじろべえみたいだね！

C6　私のは違うよ！　２枚に切って丸めたよ！

C7　すごーい！　面白いね！

「実は，先生知らないんだ…」ととぼけてみせることで，子どもたちの気持ちがぐっと前に出てきました。他にもブランコのように揺れるものや，天井からつるすことで揺れる仕組みを考え出す子もいました。教師の想定を超える「仕組み」を創り出す豊かな発想の広がりが見られたのです。アイデアが思い浮かばない子には「友達のアイデアをもらってもいいんだよ」と伝えたり，「半円の揺れる仕組み」を紹介して，自分らしさを発揮できるよう支援しました。（笠）

図１　どうやったら揺れるかなあ…

図２　お！　揺れたぞ！

図３　これいいかも！

25 紙コプター

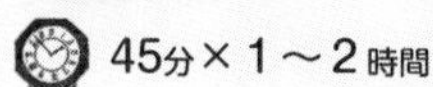

低／中／高

45分×1～2時間

紙コプター，飛んじゃうよ！

材料　紙コップ，竹ひご，色紙や画用紙などの端切れ

用具　はさみ，接着剤，セロハンテープ，身近な描画用具（カラーペン，パステルクレヨンなど）

題材の目標
紙コップの切り方など工夫して，自分のお気に入りの空を飛ぶおもちゃをつくりそのよさを楽しむ。

★ 授業の流れ

❶導入(10分)
右図のような紙コップを提示し，これを「どうしたら飛ぶものに変えられるか」クラスで考える。

❷つくる・試す(50分)
導入での友達のアイデアも参考にしながら，自分のつくり方でつくる，試す。

❹遊ぶ・ネーミングする(20分)
できあがった紙コプターを飛ばして遊びながら，友達と共有する。飛び方の特徴からネーミングする。

この題材で大切にしたいこと

紙コップでつくる竹とんぼ，その名も「紙コプター」です。羽根の切り方や竹ひごの長さなどの微妙なバランスで飛び方が変化し，子どもの意欲がどんどん高まります。また，羽根に模様を描いたり色を塗ったりすることで，飛ばしたときに混ざり合う美しさを発見できます。

言葉かけのポイント　「どうすればできそうかなあ？」

こうした工作では，教師が完成した作品を提示するなどして子どもの興味関心を引き，意欲を高めるのが一般的です。

本題材では，ここに「どうやったら飛ぶか」について，子どもが考えるような言葉かけを行います。つまり問いを少し深いところから設定して「飛ぶ仕組みや原理」から考えさせていくのです。図画工作の学びでは，思考・判断・表現が常に繰り返されます。しかし，それがどういった問いから始まった思考なのかによって学びの「深さ」が決まってきます。

授業ギャラリー

図１　こう切るよ！

図２　羽根の形がみんなと違うよ！

図３　やったー！　私の紙コプター飛んだよ！

授業ライブ

板書：「紙コプター」

T　みんなタケコプターって知ってる？

C：知ってるよー！　頭につけて飛ぶんだよ！

T　そうだね，確か飛ぶんだよね。でね…

紙コップを「紙コプター」にしたいんだけど，どうすればできそうかなあ？

C1　簡単だよ～。切って羽根にすればいいんだよ！

T　えー本当？　どうやって切るの？

C1　こうやって…（はさみで切る。図１）。

C2　飛ばしてみてー！　すごーい飛んだ！

T　すごいね！　こうやって切ると飛ぶんだね！

C3　羽根を大きくしたほうが飛ぶよ！（図２）

C4　さっきよりくるくる回ってるー，きれい！

T　名付けて「きれい飛び」だね。なんちゃって！

C5　落ち葉飛びだよ！　くるくる葉っぱが落ちてるみたいだもん！

T　そうかあ！　言われてみるとそんなふうにも見えるね！　さあ，みんなはどんな「紙コプター」をつくりだせるかな？　やってみよう！（図３）

この後，導入での友達の羽根の切り方を参考にしながらも，一人一人試しながら，自分らしく紙コプターをつくっていくことができました。導入の発問により，まず「どうやったら飛ぶか」という原理を考える場面があり，次に「どうやったらよりよく飛ぶか」という技能的な工夫の思考場面へと進み，さらに「どうやったら美しく飛ぶか」という色やイメージへと思考が深まっていったのです。

（笠）

26 まきっち

低／中／高

45分×2時間

紙を丸めて生まれたよ！

材料　色画用紙を帯状に切ったもの

用具　はさみ，ホチキス，身近な描画用具（カラーペン，パステルクレヨンなど）

題材の目標
紙を丸めることで生まれる形の面白さから自分らしく思いを広げ，組合せなどを工夫して表す。

★授業の流れ

❶つかむ(10分)	❷試す(20分)	❸見合う(10分)	❹つくる(50分)
長い紙を何かに巻きつけると丸まる特徴をつかむ。	様々なものに巻きつけて，丸まり方の違いを試す。	どんな巻き方ができたか，クラスで見合い共有する。	紙を丸めることから発想を広げ，立体や工作をつくる。

この題材で大切にしたいこと

紙を何かに巻きつけると，癖がついて「くるん」と丸まります。こうした紙という材料の特性を知るとともに，それを活用して表すことをねらう題材です。紙は子どもにとって最も身近な材料であり，高学年まで活用できるものです。こうした「材料の特性や，それを生かす方法」に焦点化した学習を積み上げることは，自ら学びを深めるための力として大切です。

言葉かけのポイント　「丸めた紙を組み合わせるとどんなことができそうかな？」

帯状の紙を何かに巻きつけて丸めるという単純な方法で，いろいろなバリエーションがつくりだせることに気付かせる言葉かけをします。「どんなことができそうか？」は図画工作ではよく使われる発問です。材料などに対して意識が向き，「こんなことができるかもしれない」という主体的な気持ちを生みます。つまり，これは材料や場などの可能性に対して，子どもの感度を上げ，ワクワクした気持ちを高めるためのさりげない発問なのです。

ペンに強く巻いたらくるっくる！

授業ライブ

板書：「まきっち」

帯状の紙を何かに巻きつけると丸まることをつかみ，各自，何に巻きつけるか，するとどんな丸まり方をするか，またそれを組み合わせることでどんな形ができそうかを試す時間をとります。そして一度手を止めて全体で共有します。

どんな，丸め方を見つけたかな？
組み合わせるとどんなことができるかな？

C1　ペンに巻いたらくるっくるになりました！（P.76右下写真）

T　本当だ！　すごい丸まってる！　ペンいいね！　他にもあるかな？

C2　この図工室にあった瓶に巻きつけたらこんな感じだったよ！

T　おー，さっきより大きな丸ができてるね。

C3　僕ね，すごいことを発見したんだけどね，片方を丸めたら，反対側を逆の向きで丸めるとすごいよ！（図１）

クラス　なんかきれい！

T　いろんな丸め方があるんだね。まだ始めたばかりだけど，この「まきっち」を組み合わせて何ができそうかな？

C4　お部屋の飾りがつくれそう！（図２）

この言葉かけによって共有された発想によって，どの子も紙を丸めることを生かしてつくることができました。また，自然に協働的な活動へと展開する子どもも見られました（図３）。

（笠）

授業ギャラリー

図１　逆向きに巻くときれいだよ！

図２　飾りになりそうだよ！

図３　「まきっち」の馬車でお話つくろうよ！

27 色と光のわっか

低／中／高

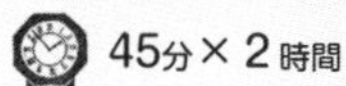
45分×2時間

こだわりの色，きれいだよ！

材料 30cm程度の帯状の画用紙，20色程度の折り紙セット（グループ分），B４～A３程度のトレーシングペーパー（２，３枚×人数分）

用具 ホチキス，セロハンテープ

題材の目標
色の感じや組合せを考え，帯紙の特徴を生かして光が透ける飾りをつくる。

★授業の流れ

❶気付く（20分）
色折り紙をグループで仲間分けする。その折り紙の中から一番好きな色を一人一人選ぶ。選んだ色に「似合うと感じる色」を数色選ぶ。

❷つくる①（20分）
選んだ折り紙を帯状に４等分する。色を内側にして丸め，ホチキスで留める。帯状の画用紙を丸め，ホチキスで留め大きな輪をつくり，その中に折り紙の輪を敷き詰める。

❸試す・つくる②（30分）
輪の片面にトレーシングペーパーをセロハンテープで留め，窓の光にかざして色や光の感じを試す。好きな感じになるように，色の敷き詰め方を変えるなど試す。

❹飾る・見合う（20分）
光や色の感じを考えて，作品を教室や校舎の窓などへ飾る。飾ったものをみんなで見て楽しむ。

この題材で大切にしたいこと　「色と光のわっか」

色と光のよさや美しさを感じたり，気付いたりすることをねらいとした学習です。折り紙の色面を内側にして丸め，光に透かすと色と光の美しさを感じさせることができます。さらにトレーシングペーパーを加えるとその効果が高まります。窓やテラスなど身の回りの「どこに飾ったら色や光がきれいか」を考えることで，自分の生活に造形を生かそうとする気持ちを高めます。

言葉かけのポイント　「どんな色に分けられそう？」「好きな色は？　それに似合う色は？」

「色」に対する見方や考え方がポイントになります。そこで，色折り紙を分類，選択する活動を取り入れます。「どんな仲間に分けられそう？」「一番好きな色は？」「好きな色に似合う色は？」など色に着目していく手立てとしての言葉かけをクローズアップしてみます。

授業ライブ

グループに20色程度の折り紙セットを配ります。

どんな色の仲間に分けられそう？

C1　薄い色と濃い色で分けられるよ。
T　へえ，薄い色と濃い色があるの？
C2　これとこれは薄くて，これは濃いよ！
C3　それ明るい色と暗い色なんじゃないの？
T　明るい色と暗い色もあるんだ。
C4　色の種類でも分けられるよ！
T　色の種類って何？
C4　うん。赤とピンクとか，青と水色とか。
T　何だかいろんな分け方がありそうだね！　それぞれのグループで分けてみようか。

仲間分けの活動をする。

次に，その中で一番好きな色はどれかな？

C5　この青だな。
T　おー青なんだ！　どうして好きなの？
C5　う～ん，何となく…
T　何となく，でも好きなんだね！

じゃあ，一番好きな色に「似合う色」はどれ？

C5　青に似合うのは水色。同じ仲間だもん！

色の感じに気付かせる声かけによって，色の選び方や組合せ方にこだわって，光を通した色の美しさを発見していきました。この造形的な視点に気付かせる分類選択は，中学年，高学年においても有効なものです。

（笠）

授業ギャラリー

図1　どんな仲間になりそうかな？　あ！　つながったよ！

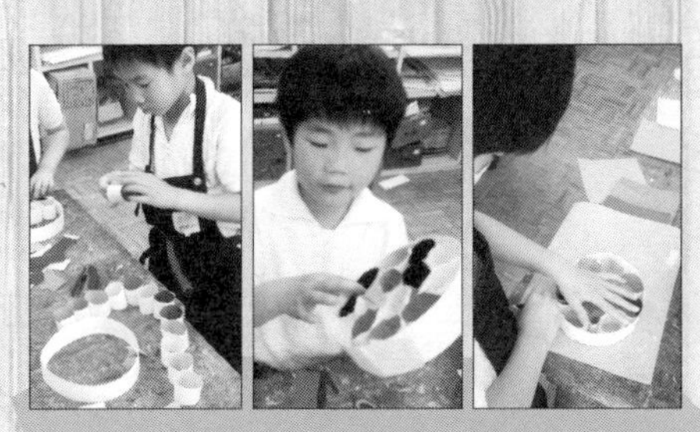

図2　似合う色を意識して丸めていくよ！

図3　こんな感じだよ！…けっこういいかも！

図4　みんなで合わせてきれいだよ！

28 つくろう！ 弦楽器

低 中 高

45分×4時間

演奏する自分を想像しながら弦楽器づくりを楽しむ

材料 紙箱，紙筒・木の棒等，色画用紙，カラービニールテープ，ヒートン，輪ゴム

用具 はさみ，目打ち，カッターナイフ，木工用接着剤

題材の目標

つくりたい弦楽器を思い浮かべ，形や仕組みを試したり装飾を工夫したりしながら，自分の思いを大切にして工作に表す。

★ 授業の流れ

❶出会う(10分)
箱＋輪ゴムの音色を聞く。子どもの作品や様々な弦楽器の画像を見る。アルフィーの高見沢さんの写真に驚く。「君も高見沢さんにならないか！」

❷つかむ(10分)
箱の穴の有無や割りばし等の枕木の有無での音色の違いを知る。中心の棒の通し方や固定の仕方，ヒートンのさし方などの基本のつくり方を知る。

❸つくる(140分)
バイオリン，ギター，ハープなど，形や色を試行しながらつくる。BGM に合わせて演奏気分でつくる。弦楽器ができたらマラカスや太鼓等もつくる。

❹見合う(20分)
楽器を交換し合ったり合奏したりして，相互鑑賞する。「高見沢さんみたいな衣装もつくりたい」という発言を受けて衣装づくりをしてもよい。

この題材で大切にしたいこと

なりきり気分で弦楽器をつくることがこの学年のモチベーションに合っています。箱と輪ゴムを使った共通の構造をもつ弦楽器づくりを中心としたのは，学び合いや共感的な相互理解を大切にしたことと，製作時間の一定化（早く終わりすぎない）を考えたからです。マラカス，フルート，太鼓などは，時間に余裕がある子が２作品目としてつくり，合奏を楽しみます。

言葉かけのポイント　「君も高見沢さんにならないか！」

「ライブしよう」「バンドやろうぜ」「写真映えする楽しい楽器」など，子どもたちの「やりたい・つくりたい！」を引き出す言葉かけをします。その中の決めゼリフがこれです。

「学んだからつくれた」よりも，「つくりたいから学びたい」を引き出しましょう。個別指導中は，①構造面の確かさ（中心の棒の固定や金具とゴムの固定等）へのアドバイス，②つくりたいものの方向性に気持ちを寄り添わせた共感的な称賛や助言を心がけましょう。

授業ライブ

集めた箱や材料で，いよいよ楽器を作る日が来ました。どんな弦楽器をつくるか，写真を見ながら思いをめぐらせます。ギター，バイオリン，ハープ，馬頭琴，三味線…。そんな画像の中に，THE ALFEE の高見沢さんのギターや衣装の画像を混ぜておきます。子どもたちはびっくりします。

C1　高見沢さんって，楽器も衣装も派手だね。

T　高見沢さんみたいに，見ただけでもワクワクする遊び心いっぱいの楽しい楽器をつくろう。

君も高見沢さんにならないか！

C2　形が面白い箱を集めたのはこのためだね。

C3　大好きなハムスター型の弦楽器にしたい。

C4　楽器も派手にして，衣装もつくりたいな。

T　まず，弦楽器をつくろう。その後は他の種類の楽器をつくってもいいよ。衣装もつくりたいのかな。

C5　つくりたーい。（大多数が賛同）

T　みんなの楽器ができたら，衣装もつくろう。

この言葉がけで，個性的な高見沢さんに迫るような，高見沢さんを超えるような，自由な想像力で楽器づくりに向かう空気が生まれました。

つくることに没頭するだけでなく，鑑賞し合いながら進められるように，鏡を用意したりタブレット PC などで撮影して相互鑑賞できるようにしたことも効果的でした。

実際の授業では，次時にカラービニールテープで衣装をつくる題材につなげました。衣装をつくり，楽器を持って鏡を見て大満足。やる気満々を引き出せました（P.82「カラフル衣装でパレードしよう」に関連）。

（北川）

授業ギャラリー

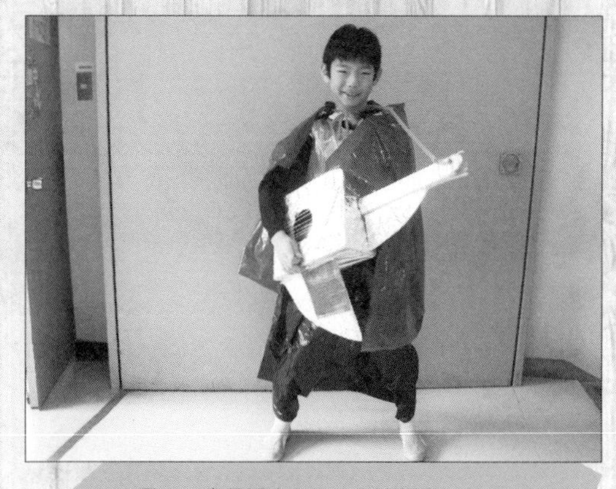

図1　高見沢さんになりきりました！

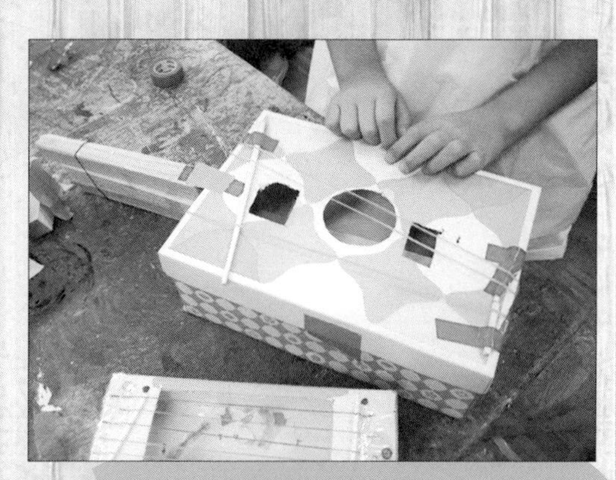

図2　割りばしの位置を変えるとよく響くよ

図3　みんなで合奏，はいポーズ！

29 カラフル衣装でパレードしよう

低　中　高

45分×4時間

学校の中をパレード中！

材料　カラービニール袋，テープ類，身の回りにある材料

用具　はさみ

題材の目標

ビニール袋の服の形や色を工夫し，パレードをして多くの人の目にふれることを意識してつくったり着たりする。

★授業の流れ

❶つかむ(10分)
カラービニール袋に穴を開けて，頭を通すなどしてつくりたい気持ちを高める。「来週の図工の時間には，つくった服で学校の中をパレードしよう」

❷つくる(125分)
パレードを目指して，ビニール類や紙類の形や色の組合せを工夫して，自分が着てみたい衣装をつくる。

❸広げる(20分)
廊下，職員室，校長室などをパレードして，教職員や他クラスの子どもたちに衣装と歩き方を披露する。

❹見合う(25分)
場所やポーズを考えて撮影会をする。1人で撮ったり，グループを変えながら複数で撮ったりする。

この題材で大切にしたいこと

非日常的な気分を楽しみ，変身気分にひたります。パレードをするということは，多くの人に見ていただくということですから，意欲も高まります。また，見た人が楽しい気持ちになるように考えることも重要になります。これは，デザイン的な思考にもつながります。

言葉かけのポイント　「つくった服で学校の中をパレードしよう」

4時間の授業計画の後半にパレードを行います。1週目に2時間つくり，2週目にもう1時間つくったり着こんだりする時間をとってから休み時間にパレードをするようにしています。そのような計画を伝えることで，子どもたちの頭の中に活動計画が浮かびます。パレードの開始をカウントダウンしながら意欲的に考え，試し，つくっていくようになります。

授業ライブ

ビニール袋等を使った衣装づくりのための材料集めの時間を１週間ほどとりました。頭や腕を通す穴や重ね着・ベルトなどのアイデアを出し合い，子どもたちはやる気満々です。

T　今回は，ただつくるだけじゃないんだ。来週の図画工作の時間に，

つくった服で
学校の中をパレードしよう！

C1　低学年の時の担任の先生に見せたいな。

C2　はずかしいけど，楽しそう。１年生とか喜んでくれそう。

T　廊下とか，体育館とか，事務室，職員室，校長室…。

C3　校長室もいいの？

T　職員打ち合わせで言ってあるから大丈夫。すごく楽しみにしてくれてるよ。

C3　やったあ！　校長先生，優しいね。

ただつくるより，見てくれる相手を意識することでデザインの意識が高まります。パレードという言葉には，ファッションショーとは違う付加的なイメージもあり，チームとしての動きや小道具等にも意識が向きます。

授業の後半に撮り合った写真をプリントして衣装と一緒に飾ることで，生き生きとした掲示にもなります。実践では，写真を切り貼りしてＡ４サイズにまとめ，クラスのファッション誌をつくりました。

（北川）

授業ギャラリー

図１　鏡でセルフチェック。「天使みたいにしたいな」

図２　友達と。「あと，どうしよう」「ベルトとかあるといいんじゃない」

図３　準備万端！　早くパレードに行こうよ！

30 光の塔

モノトーンのよさを味わい，光の美しさに感動

45分×２時間

材料　ケント紙または画用紙，木工用接着剤

用具　カッターナイフ，カッターマット，LEDライト

題材の目標

カッターナイフで描くように紙を切り，光と影の効果が美しい光の塔をつくる。

★授業の流れ

❶出会う(10分)	❷つかむ(10分)	❸つくる(50分)	❹見る(20分)
参考作品または映像で，白い紙の塔が光の塔に変身する美しさと出会う。窓から漏れる光や，紙が重なったところの陰影やグラデーションと出会う。	カッターナイフの塔の装飾は，下がきなし。「カッターでかくように，切り抜きながら考えよう」と伝え，いくつかの切り抜き方を実演してみせる。	つくる・見るを行き戻りする 白い紙に筋を入れて，多角形の角柱状に立てる。切り抜いたり貼り付けたりしながら，時間を決めて立たせて光を当ててみる。	10分や15分といったように表現の時間を区切り，一旦部屋を暗くしてライトを使い光の効果を確かめ，またつくる。

この題材で大切にしたいこと

低学年ではカラフルな色画用紙を使うことが楽しいのですが，中・高学年になるとモノトーンのよさにも目が向くようになります。この題材では，白い紙の塔の美しさも味わいつつ，光を当てたときの異なった美しさを予想したり試したりしながら工作に表すことが大切です。試しながら進めるのですから，計画線としての下がきはせずにカッターナイフを絵筆のように扱って切り進めていきます。

言葉かけのポイント　「カッターでかくように，切り抜きながら考えよう」

カッターナイフを正しく使うと，鉛筆の線よりも直線や曲線のビビリやブレがなく美しい線を生み出すことができます。また刃先を見つめる集中力も高まり，美しい表現につながります。予想，切り抜く（試す），光を当てる，気付くの連続です。切り抜きながら考えるのです。

授業ライブ

白い塔に，（部屋を暗くして）LEDの光を当てると美しく光るよさを味わいました。続いては，つくり方の確認です。

図１の手前にある３本の帯紙は，四角柱・五角柱・六角柱（三角柱を兼ねる）のものさしです。８つ切のケント紙や画用紙に軽く筋をつけて折り目にします。筋は，カッターナイフでごく軽く筋をつける，だるまピンの先で筋をつけるとよいです。折り目をつけたら，カッターマットの上で窓を開けたり切り起こしをしたりして見せます。

C1　カッターで切る前に下がきしてもいいの？

T　下がきはしないよ。

カッターでかくように，切り抜きながら考えよう

C2　できるかな。

T　今日はね，切り抜いた形や，そこに光を当てた感じから思いついたことをたし算しながらつくっていくんだよ。試して，分かって，また試す。そういう学習だよ。

C3　分かった。まずは，シンプルな形から切ってみよう。

C4　何か，次々と思いつく感じ。楽しい。

C5　早くライティングタイムにならないかな。

道具を手の延長のように扱う感覚は，子どもたちをとりこにします。部屋を暗くするライティングタイムで鑑賞して感じることが，次の発想を生んで表現を深めるのです。角柱状の作品なので，友達と組み合わせて高い塔にすることもできます。個人の表現ですが，協働しながら学び合うこともできます。

（北川）

授業ギャラリー

図１　切り抜いたり切り起こしたり。光を当てたらどうなるかな…，と想像しながら切り進める

図２　３人で組み合わせてみよう。ああ，いい感じ

図３　暗くできる部屋で，重ねてライティング。光の色が変わるLEDはオーロラのように幻想的

31 ビー玉君たちの旅

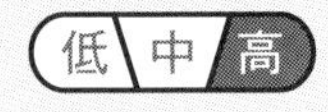

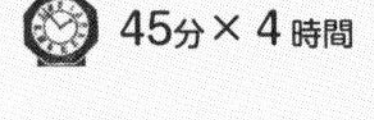

45分×4時間

みんなが驚くビー玉の流れは？

微妙な傾き！

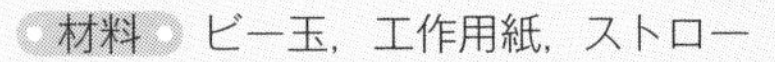

材料　ビー玉，工作用紙，ストロー

用具　はさみ，カッターナイフ，カッターマット，セロハンテープ，ホチキス，定規など

題材の目標

工作用紙などの材料の特性を生かし，ビー玉が流れるコースを工夫してつくる活動を通して，仲間のアイデアのよさを味わい互いのよさを取り入れながら，試行錯誤を重ね，自分なりのこだわりができる。

★授業の流れ

❶つかむ（15分）
教師が提示した簡単な作品を見たことから発想・構想し，材料や道具の特性を考えながら，活動への見通しをもつ。

❷試す（60分）
活動条件を踏まえ，カッターナイフなどの道具に留意しながら，様々な可能性を試してみる。思いついた仕組みの実現を図る。

❸考える・見る①（15分）
試したことを仲間と交流する。うまくできたこと，なかなか思うようにいかないことを伝え合い，次の活動につなげる。

❹つくる・見る②（90分）
互いの成果やアイデアのよさを味わい，さらに自分の作品を進化発展させていく。

この題材で大切にしたいこと

ビー玉を転がしてつくる迷路です。低学年では，例えば平たい箱などを利用し，ストローや画用紙など扱いやすい材料を使って転がすコースをつくります。本実践は高学年対象。大小2個のビー玉から考えることで，より転がる動きの面白さに特化しました。落とし穴や箱から飛び出るバイパスコースなどダイナミックな動きや知的な仕組みにこだわる姿を期待します。

言葉かけのポイント　「こんなふうに工作用紙の土台にホチキスで…」

箱を動かし転がりを楽しむのではなく，土台を元にコースをつくる課題です。実践ではまず思いつきを試してみた後，気付いたことを交流してみました。コースの微妙な傾きで転がること，ビー玉の大きさを工夫することでコースに仕掛けがつくれることなど，互いのアイデアや課題など情報を出し合い取捨選択し，子どもたちは切磋琢磨する姿になりました。

授業ギャラリー

授業ライブ（鑑賞・収れんの場面で）

上記，子どもたちの次の発見につながるような，言葉かけとしました。

工作用紙の土台にホチキスでコースをつけましたね。コースのまん中にビー玉を置いて，右にも左にもビー玉が行かないようにすることは可能ですか？

C1　コースを水平に取り付けることができれば，ビー玉は動かず止めることができそうだよ。

T　なるほど。であれば逆にどんな条件であればビー玉は転がるのかな。

勢いがつきすぎてしまう原因をみんなで探りました。少しの傾きさえあれば，長い道のりを楽しむことができます。しかしそれでもビー玉の転がりは物理的な作用が大きく，簡単に子どもたちの思うとおりにはいきません。土台の底に紙片１枚貼り付けるだけで，劇的に転がり方が変わる繊細な活動だと気付きます。子どもたちは，その課題解決に低学年以上に熱狂します。教師も驚くようなこだわりを期待したいと思います。

C2　「２人の人生」という題名です。離れたところから出発して，一度ここで一緒になるけどまた離れて，最後に２人ともまたここで出会います。

コースに小さな穴を開けることで小さなビー玉は落ちるけれども，大きなビー玉は通過し別のコースへ。そのような転がり方の工夫から，「それぞれの歩みをそれぞれの道を歩きながら…」そんなテーマに昇華させたC2の思いでした。

（仲嶺）

図１　それじゃ飛び出ちゃうでしょ（ともに考える）

図２　C２「２人の人生」動きから思いをはせる

＊子どもの試行錯誤

勢いさえつければ絶対１回転するはずだ。T子はコースの長さや角度，回転する円の大きさ…様々な方法を試し，４時間それだけを考えました。その成果がやっときたのは最後の授業の終わりのベルが鳴った後。「着地点をずらしてみたら？」仲間の一言のヒントは目からうろこのアドバイスでした。考え続けたからこそできた。T子にとって何よりの喜びにつながりました。

32 アイスクリーム店のポップをつくろう

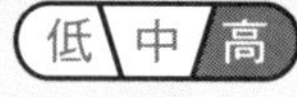

低 中 高

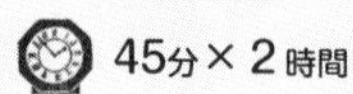

45分×2時間

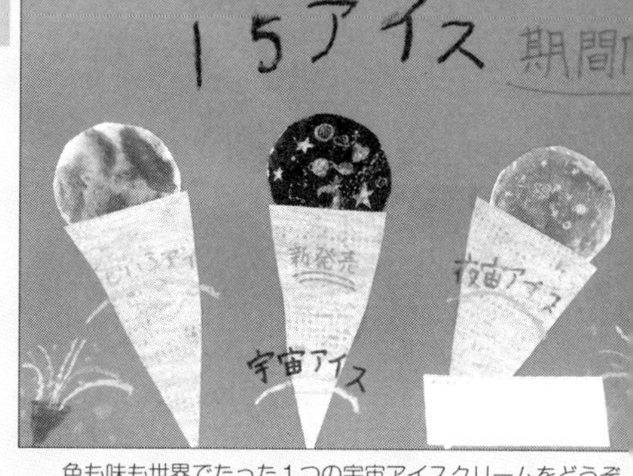

色も味も世界でたった１つの宇宙アイスクリームをどうぞ

材料 クレヨン・パス，画用紙，色画用紙，粘着テープ

用具 ティッシュペーパー，鉢底シート，つまようじ

題材の目標

クレヨンやパスの模様づくりで想像したアイスクリームの形や色のよさを，アイスクリームを食べる人に伝える気持ちで再デザインしてポップ（広告）をつくる。

★ 授業の流れ

❶つかむ（10分）
クレヨンを重ねる・ぼかす・削り取るなどして，アイスクリームの味づくりやネーミングをすることを伝える。

❷試す（20分）
画用紙に印刷された○をもとに，クレヨンやパスでアイスクリームの模様づくりをする。

❸話し合う（10分）
「甘い，辛い，かわいい，不思議な力…，いろいろ発明したね」
「さあ，お客さんにアイスのよさが伝わるポップをつくろう」

❹表す（50分）
切り抜いて並べたり半立体にしたりして，お客さんがアイスクリームを選びたくなるようなポップをデザインする。

この題材で大切にしたいこと

クレヨンやパスの技法遊びをもとに，できた模様の特徴を生かしたネーミングを考え，商品デザイン的な発想でポップ（広告）づくりをする伝達表現を目指します。

言葉かけのポイント　「お客さんにアイスのよさが伝わるポップをつくろう」

遊び心でクレヨンやパスの模様づくり（アイスクリームづくり）をします。たくさんつくる中で，気に入った味や組合せ，友達とは違うインパクトのあるデザインが生まれます。その特徴をお客さんに伝えて，心をくすぐるような商業デザイン的な発想につなげます。ストレートに味やデザインを売り込んだり，びっくりさせたり笑わせたり…。消費者心理を捉える広告デザインを目指そうと投げかけます。

授業ギャラリー

授業ライブ

色や形が工夫されたアイスクリームが黒板に並びました。ネーミングも魅力的です。ここで教師があらかじめつくっておいた作品を紹介します。1個のアイスクリームにコーンの模様紙を添えて，商品名と味の特徴を書いた広告（ポップ）です。

T　それぞれいろいろなよさがあるね。ジャーン。これから，自分のアイスが売れるように，その特徴を伝えるポップをつくってもらいます。

お客さんにアイスのよさが伝わるポップ（広告）をつくろう

C1　アイスの模様づくりだけじゃ簡単すぎると思った。でも，広告づくりって面白そう。

C2　立体もいいの？　コーンやカップをつくればリアルな感じになるよ。

C3　言葉（キャッチコピー）も考えないと。

T　万人受けをねらうか，マニアをねらうか？君たちのセンスで考えてね。

まずはたくさんのアイスクリームのデザインを試した子どもたち。たくさんつくった中から組合せを選んだり新しく味を考えたりして，お客さんの心をくすぐるようなアイスクリームの広告を考え始めました。

コーンは，鉢底ネット等の上に紙を載せて茶色いクレヨンをこすって網目をつけ，淡い茶色の絵の具を塗ってリアルなコーンが開発されました。カップは，画用紙でつくったり紙コップを切ったりしたものです。

デザインと呼ばれる表現は，現在は工作の領域に含まれます。機能的・応用的な思考を養う大切な学習の1つです。

（北川）

図1　太陽，土星，地球に火星人…「宇宙まるごと箱づめセット」

図2　パンダ，ねこ，ライオン…「動物アイス」

図3　「けんこう的!!　1口食べたらとまんない」健康志向に訴える作戦

33 木と金属で

低 中 高

45分×6時間

※参考となる作品が
HPから見られます。

木切れ，アルミ，王冠でできた「三銃士」

材料 アルミ缶，アルミ線，小さな金属，板や枝などの木材，釘，木ねじ等

用具 工作ばさみ，ペンチ，かなづち，ねじまわし，ホットメルト接着剤，電動糸のこぎり等

題材の目標
金属の加工を試しながら体験して思いついた形に加工し，木材と金属を組み合わせた作品をつくる。

★授業の流れ

❶出会う(10分)
参考作品を見て，木と金属を組み合わせた作品のよさを紹介する。「今まで体験した技能を生かしたり新しい方法に挑戦したりしてつくろう」

❷試す(30分)
アルミ缶の切り開き方，ペンチやニッパの扱い方等を安全に配慮して指導する。使えそうな部品が生まれたり，試した結果から思いついたりする。

❸つかむ(10分)
詳しい設計図はそのとおりにできないので不要である。試して分かったことをもとに，言葉でのメモやごく小さなスケッチ，材料の計画などを考える。

❹つくる(220分)
試して気付き，計画を修正しながらつくる。身の回りの金属を使うのもよい。友達と作品を組み合わせて，お話をつくるように鑑賞するのも楽しい。

この題材で大切にしたいこと

高学年では，金属を扱うようになります。作品もつくろうとすると，金属ではボリュームが出にくかったり，鋭く冷たい印象の作品が多くなったりしがちです。そこで必ず木と金属を組み合わせることを条件にしました。高学年らしくこれまでに経験した技能を生かして，金属の鋭さと木のぬくもりを融和させた作品づくりを目指します。

言葉かけのポイント 「今まで体験した技能を生かしたり新しい方法に挑戦したり…」

香月泰男の「楽隊」は，教科書などでも紹介される楽しい作品です。金属や木材などを組み合わせて擬人化されていることが大きな魅力です。この作品をきっかけにして，高学年らしくアルミ缶やアルミ線等の金属の加工や木材の加工に挑み，試しながらの作品づくりにいざないましょう。

授業ライブ

集めたアルミ缶でいよいよ工作をする時間です。香月泰男の「楽隊」などの作品を鑑賞をすることで，金属の加工を学びつつ，金属と木材を組み合わせた作品づくりをすることを伝えます。

C1　演奏してる。楽しいね。(「楽隊」鑑賞)

C2　何でできてるのかな？　木と金属かな。

C3　金属の工作は初めて。

T　高学年になると，金属も使うんだ。安全面の注意もあるから，ゆっくりやるよ。いろいろ体験して，試して，最後は，金属と木を組み合わせた作品をつくるよ。

C4　この前使った電動糸のこぎりも使っていいの？

T　今までに習った道具や技法は使っていいよ。

今まで体験した技能を生かしたり新しい方法に挑戦したりしてつくろう

T　まずは，アルミ缶の安全な切り開き方だよ。切り始めのところに「目打ち」か「だるまピン(軸の長い画鋲)」を刺して，その穴から工作ばさみを…。

C5　うまく切れた。意外と簡単。

C6　穴あけパンチとハトメで留めたら動いた。

C7　だんだん思いついてきた。

T　板も切って貼りつけていいよ。ホットメルト接着剤はやけどに注意。手袋をつけよう。アルミは熱を伝えやすいからね。

知っている技法・技能，新しい技法・技能を駆使して，課題見つけや課題解決をしながらの学習となります。「試す・見立てる」ことと「決める・仕立てる」こととが何度も行き来する学習過程を大切にします。　(北川)

授業ギャラリー

図1　針金をたたいたら薄くつぶれた。勇者の印を身につけて，冒険の旅に出よう

図2　ピアノの鍵盤のところはのこぎりで切り，電動糸のこぎりで曲線を切った。アルミ缶の模様がお気に入り

図3　布を敷いてみんなの作品を載せたら，不思議な世界が広がった。次の時間に仕上げをするのが楽しみ

34 紙，切れちゃってるよ！

低 中 高

45分×2時間

切り込みがあるから動くよ！　散歩だよ！

材料 32切ほどの画用紙に切り込みを入れたもの（人数分），裁ち落としの紙など

用具 はさみ，カッターナイフ，ホチキス，のり，身近な描画用具（カラーペン，パステルクレヨンなど）

題材の目標
切り込みの入った紙の特徴から自分らしく発想し，工夫して絵や立体工作などに表す。

★授業の流れ

❶出会う（10分）	❷試す（25分）	❸共有する（10分）	❹つくる（45分）
切り込みの入った紙と出会う。	切り込みを生かして，どんなことができそうか試す。	どんなことができそうか，お互いに始めたことを紹介し合う。	友達の考えも参考にして，切り込みの生かし方を考えてつくる。

この題材で大切にしたいこと

「切り込みの入っている紙でどんなことができそうか」を子ども自身が決めるのです。絵のように展開する子ども，差し込んだり，折ったりして立体として展開する子ども，動くカードのような仕掛けのある工作に展開する子。そうした一人一人の思いを引き出し，認めてあげることを大切にします。

言葉かけのポイント　「切り込みの入っちゃった紙で何かできそう？」

まず何食わぬ顔で紙を配ります（右図）。すると「先生！　この紙切れてるよ！」という反応があるでしょう。ここで「えー？　本当だ！　どうしよう…この切り込みの入っちゃった紙で何かできそう？」と発問します。材料の可能性の発見を「子どもに任せる」言葉かけです。

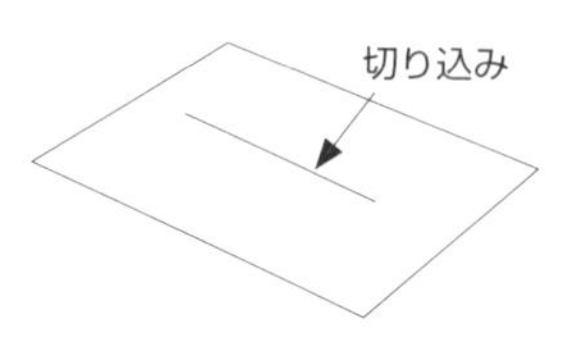

授業ライブ

何食わぬ顔で，切り込みを入れておいた紙を配ります。「先生！　この紙切れてるよ！」。ここで，教師がとぼけながら言葉かけをします。

本当だ！　じゃあ，この切り込みの入った紙で何かできそう？

C1　別の紙を差し込めそうだよ！（図１）
T　ちょっとやってみてくれる？　なるほどね，そういうことができるんだね。他にはある？
C2　先生，折ってもいいの？
T　切り込みを生かすのであればいいんじゃないかなあ…みんなどう？
C3　いいよ！　そのほうがいろいろなことができそうだし！　じゃあ，自分ではさみとかカッターで切ってもいいよね ?!（図２・３）
T　さらに切り込みを増やしたり，紙の大きさや形を変えるってことかな？
C3　そうそう。
C4　だったら，こんなふうに十字にしようかな！（図４）
T　いろいろできそうだね。少しお試しの時間をとろうか。20分後にアイデアを紹介し合おう。

この言葉かけによって子どもの試す時間が始まりました。どんどんつくり始める子どももいれば，まだ迷って手が動かない子どももちろんいます。そういう子どもには「今はお試しの時間だから，紙がぐちゃぐちゃになってもいいんだよ。試してみてね」と言葉をかけます。その後の共有を経て，どの子も切り込みを生かした驚くような発想を広げていきました。

（笠）

授業ギャラリー

図１　ここに別の紙を立ててみよう…

図２　切り込みを増やしたら，こんな折り方ができたぞ！

図３　いろいろな折り方を試したら犬になったよ！

図４　切り込みを生かして交差点をつくったよ！

35 穴のあいちゃった紙を助けて！

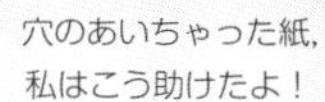

低　中　高

45分×4時間

穴のあいちゃった紙，私はこう助けたよ！

材料　白い段ボール（中央に20cm 程度の穴），裁ち落としなどの色紙やボール紙

用具　段ボールカッター，カッターナイフ，ローラー，共同絵の具など

題材の目標
穴のあいた紙の特徴から発想し，既習の用具などを活用しながら，自分らしく絵や立体，工作に表す。

★授業の流れ

❶導入(10分)	❷つくる①(40分)	❸相互鑑賞(10分)	❹つくる②(120分)
穴のあいちゃった紙から，何がつくりだせるかを考え，自分らしく動き出す。	はじめの発想をもとに，絵，立体，工作，または横断的に表す。	「穴をどのように生かしているか」を視点に，自分と似た生かし方の友達を探す。	新たに発想を広げながら自分らしく絵，立体，工作，または横断的に表す。

この題材で大切にしたいこと

「『既に穴のあいている紙』を生かして何をつくりだせるか」を共通の問いとして「子ども一人一人が学びの方向を決めていく」深い学びの実現を目指す題材です。穴に視点を置いたり，周りの白い紙の部分に視点を置いたりしながら，絵，立体，工作のいずれか，または横断的に表します。既習の用具や方法を活用し，自分の思いの実現に向け試行錯誤し深めていく子どもの姿を目指します。

言葉かけのポイント　「穴のあいちゃったこの紙を助けてほしいんだけど…」

「穴のあいちゃったこの紙を助けてほしいんだけど…」という発問がポイントです。「助けて…」という投げかけは，子どもの「任せて。助けるよ！」という素直な思いを学習のモチベーションとすることができます。導入では，この言葉かけと材料をもとに子どもと対話を楽しみましょう。誘導的にならないよう心がけ，子どもの発言から「形，色，イメージ」「絵，立体，工作」という図画工作の視点につなげて対話を進めます。

授業ライブ（導入の場面で）

T　ねえ，今日はみんなにお願いがあるんだ。

C1　何なに!?　いいよ！

> 穴のあいちゃったこの紙を助けてほしいんだけど…

C1　わー何これー。

T　何だか穴があいてて，捨てられちゃいそうなんだよ。みんなの図工の力で助けてあげてほしいんだ。どうやって助けられそう？

C1　ほら，顔出せるよ！

C2　お面だ！　絵を書いたり色を塗ったりして。

T　なるほどー。何だか面白そうだね。

C2　頭にもかぶれるよ！　これ帽子にもなるよ！

T　紙を横に寝かせて使うんだね。

C3　先生，周りを切ってもいいの？

T　どんなふうに切ってみたいのかな？

C3　例えば，ギザギザ。ブーメランになりそうだなと思ったから。

T　みんな，丸の周りを切ってもいいかな？

C4　穴を生かしていればいいんじゃない!?

T　じゃあ，穴を生かしさえすれば切ってもオッケーね。道具は何で切ろうか？　はさみ？

C5　前に段ボールカッター使ったよ！

この言葉かけによる導入の対話によって，発想面でやや自信のなかった子どもも動き出すことができました。また既習の用具や方法にもふれることで，技能面に自信のない子どもも活動しやすくなります。絵や立体，工作などに広がっていく学習の過程において，造形的な視点や知識・技能と結びつけるような支援や即時的な声かけが大切になります。

（笠）

授業ギャラリー

図1　顔出せるよ！

図2　うわーどう助けようかな～

図3　前に使ったこの材料を使ってみよう！

36 木と池のあるお城

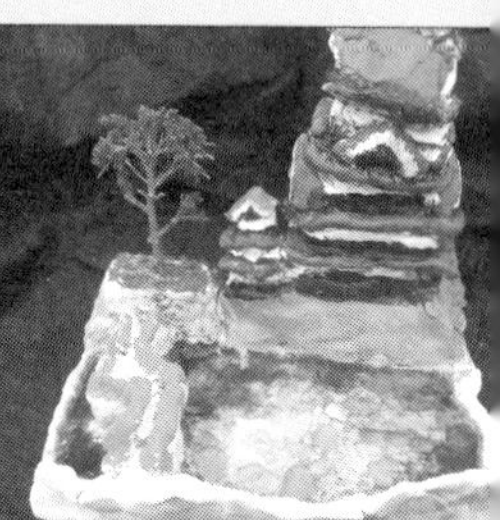
子どもの作品　木と池の表現を生かすお城へ

低 中 高

45分×6時間

材料　焼き物用粘土（実践は信楽），焼き物用ビー玉，鉄道模型用木のフィギュアなど

用具　焼き物粘土用道具一式（粘土板，粘土ベラ，雑巾など），アクリル絵の具一式など

題材の目標

実在のお城や空想上のお城などを想起したことから活動の見通しをもち，自分なりのお城のイメージを焼き物で表すことに興味関心を高める。粘土の特性を理解し，ビー玉での池の表現や模型の木を取り入れるなど，技能的な活動を楽しむ。

★ 授業の流れ

❶つかむ（10分）
お城をテーマとした焼き物の作品をつくることを伝え，資料を見るなどを通してイメージを高める。

❷用具を知る（10分）
粘土同士はどべを接着剤とするなど，焼き物の基本的な仕組みや構造，道具について確認する。

❸つくる①・見る①（160分）
イメージしたお城をつくる。池の表現となるビー玉を入れておく場所はくぼませ溶けて流れない配慮などを確認する。

❹見る②・つくる②（90分）
焼き上がった形に，アクリル絵の具で色付けをするなどを通し，自分なりのイメージを高め合う。

この題材で大切にしたいこと

粘土で思い思いにつくる活動は，学年を問わず図画工作の題材の中でも子どもたちの目の色が変わります。できあがりを意識し始める発達段階を踏まえ，お城をテーマにした作品をつくることを提案しました。活動を通して，楽しみながら焼き物の基本的な知識・技能を高め合うことで，伝統文化の追体験にもつなげたいと思います。

言葉かけのポイント　「焼き物で表します」

中学年になると歴史に興味をもつ子が増えます。また好きな外国の物語にもお城はよく登場し，子どもたちがイメージを膨らませやすいモチーフといえます。焼き物としての作品づくり，ビー玉を溶かしての池の表現，模型に使うフィギュアの木を加え更にはアクリルでの色付けなど，どちらかといえばモノづくりの要素が強い題材です。焼き物は自分たちの手を離れ焼成の工程を挟むため，必然丁寧さも培われ，知識技能的な高まりも子どもたちの対話につながります。

授業ライブ（導入の場面で）

お城がテーマであることを伝え，下記のようなイメージの高まりを促します。

焼き物で表します。今回のテーマは「お城」だよ！

C1　世界には形や雰囲気が違ういろいろなお城があるね。お話に出てくるお城もあるね。

C2　様々な形をしたお城が考えられるね。

C3　僕はいろいろな写真や資料を見て，リアルにつくってみたいな。

焼き物にすることを伝え，ビー玉を溶かして池の表現に挑戦することや，フィギュアの木を加えることで，よりリアルな作品も可能なことを伝え，意欲を高めさせました。

C4　確か粘土と粘土はどべでつけるんだよね。

C5　低学年の時，細すぎるところは折れたり，いい加減なつけ方はとれちゃったりしてたね。

C6　今回のお城は，ビー玉を入れるところは池のようにくぼませるんだな。特に土台は薄すぎたら割れちゃうかもね。ひびも注意しなきゃな。

C7　焼き物は確か火を通すと少し縮むはずだね。だから木を刺す穴は，少しだけ大きめに開けておく必要があるね。

上のような互いに関わり合いを促し，自分たちの手を離れ，ビー玉の溶ける温度（1160度前後）まで焼成することで起こる変化を伝えます。焼き上がりを想定してつくること，焼き上がった後に木を接着剤でつけることや，色付けはアクリルを使うことなどをあらかじめ伝えました。

（仲嶺）

授業ギャラリー

図１　資料を元に研究

図２　ビー玉を入れるところはくぼませて（左）。木の幹の入る穴は少し大きめに（右）

割れたところの修正は紙粘土が使えるよ。

図３　焼成後

図４　アクリル絵の具で雪景色に

一見バラバラな形から，使える箱に戻る！

37 えっ，これホントに使える箱？

45分×6時間

材料 ラワンベニア（450×225×９㎜），蝶番，真鍮釘（19㎜），ねじ（９㎜）など

用具 電動糸のこぎり，玄翁，ドライバー，紙やすりなど木工用具一式

題材の目標
蝶番のねじを一部外したりＬ字釘などの木工材料を工夫したりして，一見バラバラな形を組み立てると実際使える箱となる立体をつくる。仲間との対話を通し様々な可能性を試すことで，高学年らしい造形的な見方，考え方を深めていく。

★ 授業の流れ

❶出会い(10分)	❷つかむ(30分)	❸つくる①・見る①(100分)	❹つくる②・見る②(130分)
卒業生が残した箱を見てその形や構造を理解し，一見バラバラだが使える箱を考えることが課題であることを確認する。	元にする形は同じ形をとることを伝える。長さやその構造，釘の打ち方など，基本的な活動を確認する。	部品を切りそろえていく活動の中，自分なりの展開する方法を考えていく。ある程度見通しをもちながらつくる。	仲間のアイデアを取り入れたりしながら，自分なりの表現を追求していく。

この題材で大切にしたいこと

教科書の６年生の題材に，使える箱をつくるデザイン的な課題があります。これまで培った木工技能を駆使して創造する集大成的な題材です。伝統や文化は積み重なりで発展していくものであるといいます。使える木箱である価値はそのままに，自分たちの先輩たちが考えてきたその先を考えることで，更なる可能性を積み上げていく課題に挑んでもらいました。全て子ども任せで自由な発想もよいのですが，同じ１枚の板から切り分けるなどの共通土台から始めさせることで，アイデアのよさや考え方の違いなど，比較しやすく互いの評価につながります。

言葉かけのポイント　「この形を元にして，使える箱をどこまで…」

本題材では，「一見して使えそうにない箱」として提案しました。バラバラの形がパズルのように同じ形・大きさの箱に組み上がります。先輩が残した形を全員の元とし，その形をどこまで崩すことができ元に戻せるのか，自分なりの仲間への提案を考えてもらう課題としました。

授業ライブ（導入の場面で）

これまで先輩たちが提案してきたいろいろな形の作品を目にし，見通しと可能性を探らせました（実際つくった箱を卒業生から借りる，あるいは写真などを残してあるとより参考になります。教師が準備するのもいいでしょう）。

T　みんなの先輩たちはこんな箱を考えましたよ。
C1　二段の箱だね。上の箱はスライドするんだな。
C2　蓋にも工夫があるね。
C3　使える箱だけど開く仕掛けを工夫できるな。

この形を元にして，使える箱をどこまで変化させられるか考えますよ

上のように課題を提示しました。図１のスライドする構造を全員基本とさせ，どこにどんな仕掛けをつくることで形を崩していくかを考えることを課題としました。これまで木工の造形遊びなどで使ってきた道具や材料（L字釘，ねじ類，輪ゴムなど）を想起させ，どのような仕掛けの可能性があるか出し合わせ見通しをもたせました。

C4　蝶番をつける場所やねじの数を工夫すれば，蓋が回転できたりして面白いのができそうだな。
C5　板は電動糸のこぎりを使えばいろいろな形に切ることができたな。その方法も使えそうだな。
C6　箱の形を斜めにカットしてみたらどうかな。
C7　ねじや輪ゴムを使うと鍵のような仕掛けがつくれたよ。
C8　僕の箱は中に仕掛けが隠れているよ。

（仲嶺）

授業ギャラリー

図１　先輩たちの作品から構想する

図２　子どもたちが元にする箱（図１）の見取図

図３　元の形になる仕組みだよ

38 不思議トンネルをくぐると

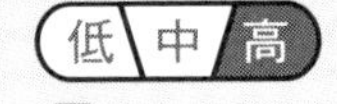

45分×2時間

大きな目がある岩の下には洞窟の入口が

材料 粘土（土粘土・油粘土等）

用具 粘土板，粘土ベラ（粘土ベラは，前半は使わない）

題材の目標

「不思議トンネル」という言葉をきっかけに，思いを広げながら粘土の立体表現を楽しむ。

★授業の流れ

❶遊ぶ(20分)

粘土遊びをして，粘土をほぐすとともに心もほぐします。
- まんまる競争（3分）
- 高さ競争（3分）
- 穴ぼこ競争（3分）
- ひねり出し競争（3分）

❷つかむ(10分)

不思議な形になった子どもの粘土を示す。「これは！不思議トンネルの入口だ！」
その先の想像や入口そのものの想像を話し合う。

❸つくる(45分)

粘土遊びの形を生かしたり，イメージに合わせてつくり直したりする。
表すのはトンネル部分だけでも，トンネルの奥の世界でもよい。

❹見合う(15分)

相互に見合って，迷い込んだ気分を味わう。肉眼で見るだけでなく，デジカメやタブレットPCを通して見ると遠近感が増して不思議感が増す。

この題材で大切にしたいこと

粘土による立体製作では，形を正しくつくるだけでなく，手や体全体を働かせて粘土の塊に挑むことが大切です。指先や粘土ベラだけでの表現では粘土の本質的なよさを半分も生かせていません。粘土遊びで時間を区切って夢中にさせることから心をほぐし，「不思議トンネル」というきっかけの言葉から柔軟な思考をめぐらせて粘土を動かすことが大切です。

言葉かけのポイント　「これは！　不思議トンネルの入口だ！」

夢中になって粘土を丸めて，伸ばして，穴を開けて，ひねり出して…。その結果，粘土は原形を思い出せないぐらいの不思議な形になっています。そのままでも「不思議な形」です。それを，「不思議トンネル」と決めつけて，柔らかい発想を引き出すきっかけとします。「どこでもドア」や既存のものを再現することはNGです。粘土も頭も柔らかく！

授業ライブ

粘土遊びをして，手がよく動くようになり，粘土も柔らかくなりました。ひねり出し競争の後に，粘土をまとめさせないでおきました。

T　このテーブルに集まってごらん。
C1　何，何？　すごい形だね。
C2　何か，不思議な感じ。　　T　大変だ！

これは！
不思議トンネルの入口だ！

C3　なるほど，そう言われると，そうも見える。
C4　怖い世界に行きそう。人間もつくって…。
T　今日のお題は，「不思議トンネル」。今の粘土の状態を生かしてもいいし，つくり直してもいいよ。どんなことが想像できる？
C5　幸せな世界に行くトンネルにしたいな。
C6　冒険の世界。アドベンチャーだな。
C7　トンネルをつくるの？　その先もつくるの？
T　不思議トンネルだけでも，トンネルの先の世界でもいいよ。ただし，どこかにあるような，「どこでもドア」とかはやめてね。

こういう提案の立体表現で残念なのは，「思いつかない」と粘土を丸めたり四角くしたりして，何も試さずに思いをめぐらせている子です。試しや偶然というものは，手を働かせて対象に働きかけてこそ生まれるものです。計画を立ててよりよく実施する表現※1と，現状を見てその都度思いつきながら最善を目指す表現※2の違いがあります。後者は，未知の現象に対応する力を鍛える実践的な学びです。ですから，作品展に飾る作品づくりをすることとは育てたい力に違いがあります。

※1：PDCAの考え方　※2：OODA（ウーダ）の考え方

（北川）

授業ギャラリー

図1　トンネルを通るとだんだん小さくなって不思議な世界に行けるんだよ

図2　2人のトンネルを組み合わせたら，ますます不思議な感じになった

図3　ぐるぐる渦巻きの不思議トンネルは，ブラックホールみたい

図4　巨大ミミズクがトンネルの門番。通り抜けるのが怖い

39 複雑マニアになろう！

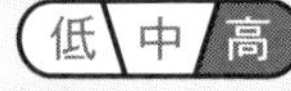

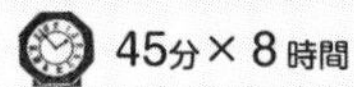

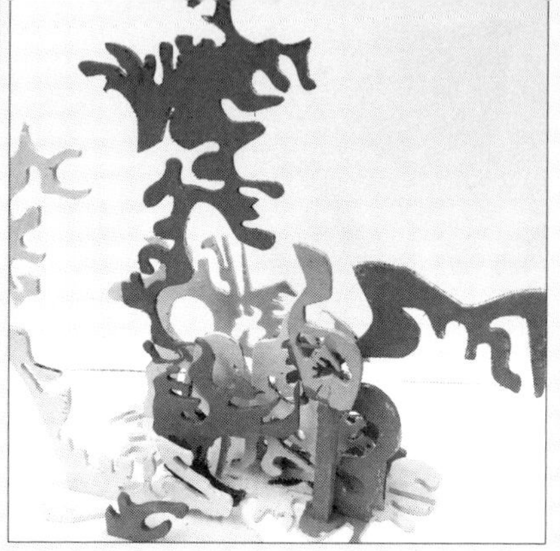

私の挑戦した「複雑な形」はこれだよ！

材料 シナベニヤ（300×450×4mm，大きさは実態に応じて）

用具 電動糸のこぎり，紙やすり，木工接着剤，その他木工具

題材の目標

既習の電動糸のこぎりを活用し，自分としての「複雑な形」を切り出して，特徴や美しさに気付くとともに，それらの組合せ方を考えて立体や半立体に工夫して表す。

★ 授業の流れ

❶つかむ（10分）
いくつかの形の比較を通して「複雑な形」が相対的であることや，曲線的なものや直線的なものなど，考え方をつかむ。

❷切る①（80分）
電動糸のこぎりの安全な正しい使い方を復習し，ベニヤ板を「複雑な形」を目指して切る。

❸確かめる（10分）
ここまで自分が切り出した「複雑な形」の特徴について確かめる。それをワークシートに書く。

❹切る②・つくる（260分）
自分で確かめた複雑な形の特徴を，より意識し切る。切り出した形を組み合わせ，より自分らしい複雑さを目指し立体・半立体をつくる。

この題材で大切にしたいこと

電動糸のこぎりで板材を切る心地よさを味わうことに加え，子どもの「こだわり」を引き出すことに主眼を置いた学習展開です。そのためのキーワードは「複雑」です。電動糸のこぎりの曲線やくり抜きの技術を活用させるためにも，形に対する「こだわり」をもたせることが大切なのです。

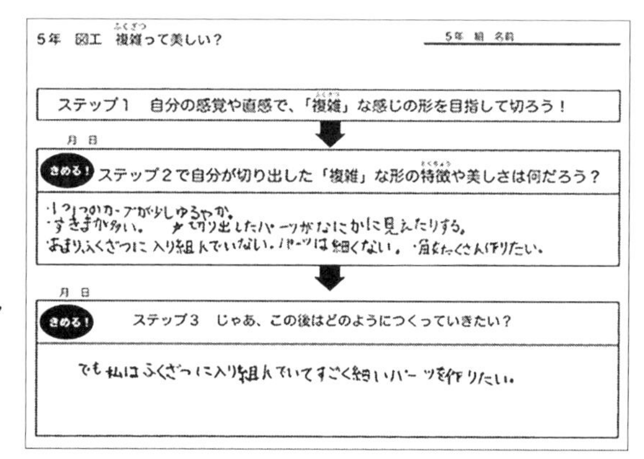

5年　図工　複雑（ふくざつ）って美しい？　　5年　組　名前

ステップ1　自分の感覚や直感で、「複雑」な感じの形を目指して切ろう！

月　日

きめる！ ステップ2で自分が切り出した「複雑」な形の特徴（とくちょう）や美しさは何だろう？

・1つ1つのカーブが少しゆるやか。
・すきまが多い。　・切り出したパーツがなにかに見えたりする。
・あまりふくざつに入り組んでいない。・パーツは細くない。・角をたくさん作りたい。

月　日

きめる！ ステップ3　じゃあ、この後はどのようにつくっていきたい？

でも私はふくざつに入り組んでいてすごく細いパーツを作りたい。

言葉かけのポイント　「自分の『複雑な形』の特徴は何だろう？」

「複雑な形」といってもいろいろです。大切なことは，「自分の『複雑な形』の特徴は何だろう？」という言葉かけによって，今，自分が切っている複雑な形にどのような特徴があるのか，を確かめる場面をつくることです。これがその後の「こだわり」につながっていきます。

授業ライブ

導入でいくつかの形を比較して「どれが一番複雑か？」「形の特徴の違いは何か」などについて話し合います。その後，自分なりの複雑を目指して電動糸のこぎりでベニヤ板を切っていきました。材料の半分程を切ったあたりで立ち止まります。

T　ここまでみんな上手に糸のこぎりを使っているね。安全に気を付けていて素晴らしいよ！

今まで切った自分の「複雑な形たち」にはどんな特徴があるかな？

C1　丸っこい感じかなあ…（図２）。

C2　僕のはトゲトゲが多いかもしれない。

T　自由に複雑な形を目指したから，きっといろいろな特徴が混ざっている人もいるかもしれないね。ちょっと黒板に書き出してみようか（図３）。

T　複雑っていっても，たくさん特徴があるんだね！　自分のものに似ているものもある？

C3　～君とカーブが多いところは同じです。

T　本当だね，実物を見せてくれる？　比べてみると…形は全く同じ？　複雑な感じはどう？

C4　カーブは多いけど違ってて，～さんのほうが複雑な感じがする。

T　なるほど，特徴は似ているけど，複雑な形は全く同じではないんだね。じゃあ，一人一人の特徴をここで一度ワークシートに整理してみよう（P.102右図）。

この言葉かけによって，自分の「複雑な形の特徴」に意識的になった子どもたちは，さらなる複雑さを目指し，こだわりをもって追求していくことができました（図４）。

（笠）

授業ギャラリー

図１　この中でどれが一番複雑な形？なぜそう思う？

図２　私は丸みのある複雑な形！

図３　自分の複雑な形の特徴を書き出してみよう！

図４　先生見て！　さらにクネクネ複雑になったよ！

40 僕はこの向日葵だよ

子どもの作品「僕の未来」

低 中 高

45分×2時間

材料 『向日葵』ファン・ゴッホ（1888）ナショナル・ギャラリー，ロンドン所蔵／複製

用具 絵の具セット一式，画用紙（アウトラインをPC加工した「向日葵」を印刷）

題材の目標

「向日葵」の一斉鑑賞から，見る視点の置き方でその意味は様々変わることを知る。自分はどの向日葵なのかと仮定としたことを契機に，多面的な発想・構想の育ちにつなげる「未来の自分」の題名から，表現活動に広げていく。

★授業の流れ

❶出会う（5分）	❷つかむ（10分）	❸見る（30分）	❹つくる（45分）
向日葵を一斉鑑賞する。向日葵の数や，それぞれがどのような状態であるのか目に見える様子を確認する。	教師の発問から，自分事として関心をもって「向日葵」と対峙する。根拠をもとに自分の立場を明確にする。	自分がどの向日葵なのかの根拠をもとに，意味を交流する。立場を変えたり仲間の考えを更に深めたりなど，自分の考えを更新していく。	自分の今の立場と周りの関係性が「向日葵」の姿と仮定し，未来の自分たちはどう変わるかイメージして絵に表す。

この題材で大切にしたいこと

鑑賞活動では，黒板に掲示した絵に全員で対峙すると子どもたちの場所により違う絵にも見えます。見る角度が変わるとその形が変わって見えたり，光の反射や子ども自身の視力などもあったり，子どもたちは決して同じ条件で見ているわけではありません。手元で細部も見えるよう一人一人あるいは2人で1枚の縮小版も用意してあげると，考えを共有しやすいでしょう。

言葉かけのポイント　「あなたは15人の中のどの向日葵ですか？…」

自分はどの向日葵か考えることで，自分事として対峙する姿をねらいました。導入では子どもたちの言葉から素直な見方を大切にします。例えば向日葵の数を確認する場で，15本でなく16本あると主張する子どももいます。そのような1人だけ違う主張こそ大切にし，子どもたち全体の課題とします。「○○ちゃんはなぜそう思ったのかな」，その理由と根拠を子どもたちに返すことで，仲間の視点は全体の課題となり，子どもたちの見方・考え方を揺さぶる視点になります。

授業ライブ（鑑賞の場面で）

絵の中の向日葵は15人。子どもたちに自分事として意識させる発問をしました。次のような子どもたちの声につなげます。

あなたは15人の中のどの向日葵ですか？理由も教えてください

C1　自分たちだと意識したら一本一本の向日葵の表情が見えるようだね。

C2　そうそう僕はあのまん中の向日葵だな。とても元気ありそうな形だよ。

C3　僕はこの横を向いている向日葵。いつもよそ見して先生に怒られてるからね。

C4　私はあの少し隠れている向日葵，臆病だから。

C5　えっそんなことないよ，C４ちゃんはむしろまん中で笑ってる感じの向日葵だと思うよ。

C6　僕は下でしょんぼりしているこれかな。最近スランプなんだよ。

C7　今の私は花びらが散ってしまったこれ。次の種を準備しようとしてるところ。テニスの試合で負けて落ち込んでいるけど，負けてらんないなと思って。

C8　なるほどそんな考えもあるね。それ聞いて僕は考えが変わってきたよ。

自分自身と照らし合わせて見る条件としたことで，友達の立場も考えながら意欲をもって対象に関わる姿になります。実践では磁石を絵の上に置くことで立場を視覚化し，互いの意味を聞きたくなる子どもたちの姿につなげました。

第２時では，『未来の自分』は，ゴッホの向日葵の黄色からどう変わるのかイメージした表現につなげました。

（仲嶺）

授業ギャラリー

図１　自分の選んだ根拠を伝える

図２　それぞれの選んだ根拠を板書

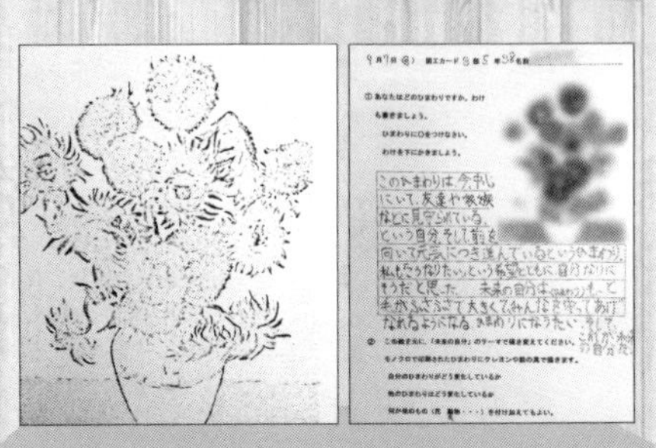

図３　未来の自分　画用紙（左），ワークシート（右）

図４「自分の未来」を想像して描く

41 「芽」のイメージ

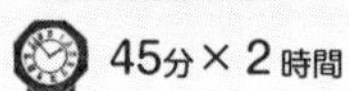

芽のシート図（左），作品「一人」（右）

材料 草の芽のワークシート，折り紙，クレヨン・水彩カラーペン等の描材

用具 一斉鑑賞用映像（ＰＣにてスクリーンに映す），のり，はさみなど

題材の目標

「芽」の映像の鑑賞活動から，つくった自分のイメージをもとに形や色で構成することができる。ホワイトボードなどを使って互いの主張を紡ぎ合い，発想・構想を更に深め，作品を再構成する活動を楽しむ。

★授業の流れ

❶出会い（10分）	❷試す（20分）	❸見る①（15分）	❹つくる・見る②（45分）
「芽」のイメージを交流させたことから，自分なりの見通しをもち，表現活動につなげる。	「芽」のシート，色紙などでつくるシンプルな活動条件から，思いつくまま様々な可能性を試してみる。	ホワイトボードを使った収れんの場を通し，互いのイメージの交流から，よさを取り入れ，アイデアを膨らませる。	仲間の考えを踏まえ，互いのよさを言葉で伝え合い，自分なりの新しい提案に高めていく。

この題材で大切にしたいこと

鑑賞と表現を行き来する活動です。互いに見出した「芽」から受け取ったメッセージから，表現活動では，鑑賞で使った「芽」の写真のコピーを使い，７×７cmの折り紙と合わせて構成する活動を促しました。シンプルな活動は何度も試すことが可能であり，互いのアイデアを取り入れながら共働的な学びを引き出していきます。

言葉かけのポイント　「「芽」の写真からどんなメッセージが伝わりますか？」

導入の一斉鑑賞では，「芽」の写真をもとに下記のような子どもたちのイメージを引き出します。「命，未来，これから，スタート，負けない心，守る，ECO，地球，小さい，弱い，儚い」。「生命」や「生きる」などは，直感で子どもたちが皆もつ共通課題です。ホワイトボードを使い，言葉やモノの名前など多くの思いつきを出すよう促します。実践では，「芽」を逆さまに見たり写真の色合いなどから，社会的な話題を取り入れたり自分に照らし合わせたりなど，高学年らしい思いにもつながりました。

授業ギャラリー

授業ライブ（導入の場面で）

「芽」の写真はサイトのフリー素材を使用しました。子どもたちは命や始まりなど前向きで明るいイメージをもちます。子どもたちに下のように発問することで多様な考えを引き出す手立てとしました。一斉指導で見せた写真を縮小した「芽」のシート（7×5㎝）を配り，手元で見ながらホワイトボードを前にみんなで対話させると，下記のような変化につながりました。

「芽」の写真から，どんなメッセージが伝わりますか？

C1　「芽」の写真からは，頑張るとか未来とか前向きなイメージが出てくるね。
C2　「命」を守りたいという感じかな。
C3　「芽」を逆さに見ることで，別のイメージもつくれるかもね…。
C4　そうだね　この「芽」の写真を見て，背景が暗いから，「戦争への暗い影」のイメージを暗示していると僕は思ったよ。
C5　よく見ると種の殻がまだ付いていることから「新しい誕生」なのだけど，過去の自分を引きずっている」と連想したよ。

表現活動では，まず「芽」のシートを芽の形に切り取ります。今回の実践では折り紙に貼り付けるシンプルな表現活動としました。折り紙の色もイメージを広げるポイントとなります。

描材は水彩カラーペンを用意しました。最初は具体的な絵を入れたり，文字を描いたりする子どももいましたが，仲間の表現から少しずつ淘汰され，より形と色で伝える作品に落ち着いていきました。

（仲嶺）

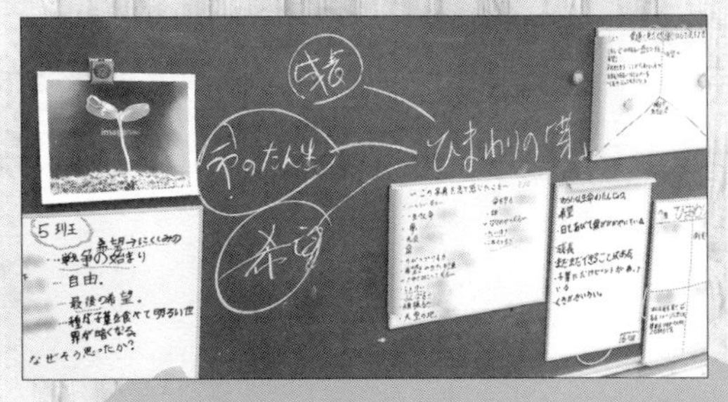

図１　芽の写真と板書，ホワイトボード

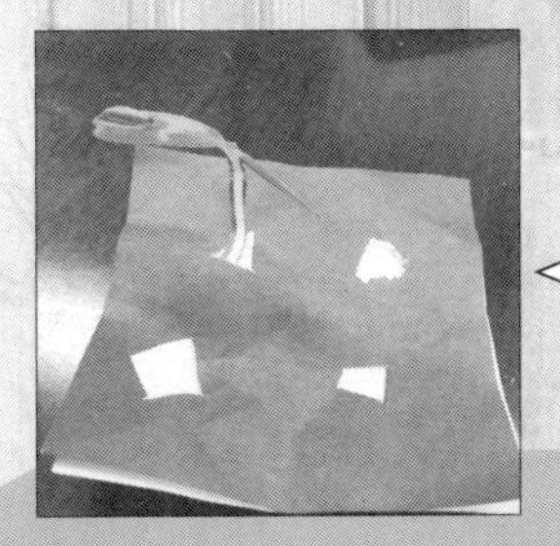

４つの種から生まれたのはたった１本だけ。３つの穴の下には種も隠した。

図２　作品①「みんなの分も頑張る

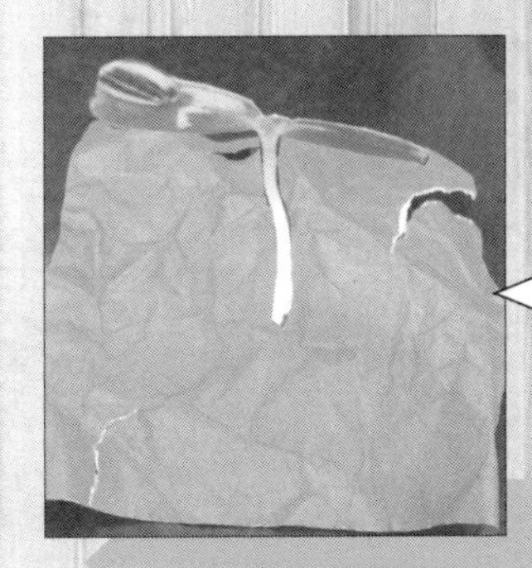

「戦争」のイメージと言った子の考えから思いついた。赤い紙をくしゃくしゃにして怖さを表した。

図３　作品②「希望」

今，神様の本を読んでいる。芽の形から十字架に磔にされたのを思い出した。自分が犠牲になっても，周りの人を助けたい気持ちを表した。

図４　作品③「神様」

42 時間から考える

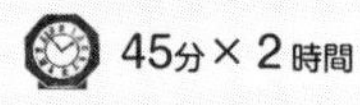

45分×2時間

子どもの作品「3:30厳しい空手」(上)
「人生は紙飛行機」(下)

材料 時計を印刷した画用紙，折り紙（7×7㎝），

用具 カラーペン，クレヨン，のり，はさみなど

題材の目標

「時間」から考える活動をきっかけに様々な可能性を考えることで発想・構想を広げ，造形的な見方・考え方を広げることができる。鑑賞活動から互いに評価したり感じたよさを取り入れたりなど，よりよい自分らしさを高めていくことができる。

★授業の流れ

❶つかむ(10分)
「時間」をキーワードとし，発想，連想される言葉を出し合い，作品の可能性を豊かにする。

❷条件を確認(5分)
教師提案の鑑賞活動での授業条件を理解し，見通しをもつ。

❸試す(30分)
授業条件を踏まえ，思いついたやり方を試し，仲間のアイデアのよさを理解し取り入れながら次時への可能性を図る。

❹見る・つくる(45分)
仲間の作品の一斉鑑賞から，仲間のアイデアを広げ，自分らしさを更新する。

この題材で大切にしたいこと

「大事だと思う時刻は何時かな」の発問から，子どもたちの素直な感覚に寄り添います。「am５：00　朝がつらい」「pm７：00　今日の晩ご飯は何かな」など具体的な生活を想起させ，同じ時刻でもその理由が違ったり，思い出や家族，広く社会的事象までその発想を広げる子どもたちの姿にも期待したいと思いました。表現では，針のない時計を印刷した画用紙を中心材料とし，針を描き込んだり時計の形を変えたり，折り紙を組み合わせたりし，自分らしい「時間」からイメージした意味を時計の形と色で見出す活動につなげます。

言葉かけのポイント　「ある子の作品です。どんな意味なのでしょうか？」

「時間」から想起する言葉は，例えば「過去・現在・未来」などの出来事や物の変化などがあります。連想するキーワードは大切，守る，止まらない，止まる，朝と夜などです。感覚的につくった子どもの作品を見てみんなで意味を探り合うことで，より深く考え互いに評価し合う姿をねらいました。中学年の造形的な「見方・考え方」の広がりに培いたいと思います。

授業ライブ（導入，課題把握の場面で）

「時間と聞くとどんな言葉が思い出されますか？」と発問しました。子どもたちから次のようなキーワードが出てきました。

> 時間，あいだ，○分間，正確，60，24，365…，時，一瞬，ひととき，今，過去，未来，歴史，時刻，何時何分，午前と午後，止まらない，止まる，大切だけど…

針のない時計を印刷した画用紙に，教師が８時の針を描き入れ，青い折り紙を貼り，「朝８時，先生はどんな気持ちかな」と発問しました。子どもたちは「『８時に起きたらいい天気』！」と，教師の作品から予想します。はさみで斜めに切り込みを入れて見せました（図２）。「これが作品だとしたらどんな気持ち？　さっきと変わるかな」と返しました。「あっ『寝坊した』かも！」「憂鬱で青い顔かな？」などと，真逆のイメージを想起しました。形が変わると色の意味も変わるよさを感じさせ，可能性を広げさせました。

これはある子の作品です
どんな意味なのでしょうか？

C1　なんかわけありな感じだね。
C2　時が止まったっていうことじゃないかな。
C3　時計が隠されてるからだね。
C4　「青い地球の限られた時間」ってどうかな。
C5　ああなるほど，○は地球か。
C6　そうそう，僕も青だから水を感じたんだよ。
C7　大洪水が起きたのかな。
C8　もしかして，地震や津波などの災害から命を守りたいって意味じゃないかな。

鑑賞では子どもたちの声も聞きつつ，教師で様々な意味合いが見出せるような作品を選びます。

図１　子どもたちに提示する画用紙

図２　鑑賞での「教師の作品」

図３　針が見えないところから想像する

取り上げたのは「使えない時計」と題した単純な作品。子どもたちは連想した意味をみんなでつなぎます。

「友達の作品を見てみんなで話し合ったほうが，すごい考えが浮かぶ気がする」ある子どもがぽつんとつぶやきました。つくった本人の作品の話を聞くのもいいですが，互いに見て考え合うことでつくった仲間以上の意味を見出す可能性が高まります。

（仲嶺）

43 「私」を見て考える

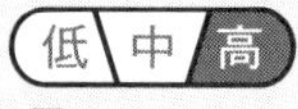

低 中 高

45分×2時間

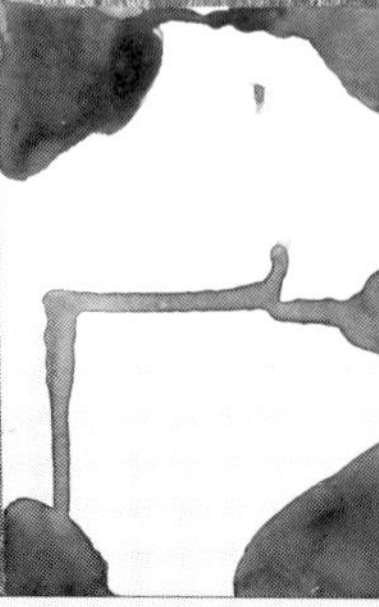

子どもの作品「チャレンジ！」(左),「揺れる思い…」(右)

材料 鑑賞用の作品（抽象的な小作品を教師で準備，本題材では卒業生の作品数点）

用具 64切画用紙，絵の具道具一式，筆記用具など

題材の目標

「私」の作品の一斉鑑賞から発想・構想を広げ，様々な考え方や表し方を試し，自分なりのイメージを形と色で表すことができる。

★授業の流れ

❶みんなで見る(15分)
1枚の絵を掲示。「『私』という絵です。どんな私かな」の教師の言葉かけから，形と色からイメージし考えを伝え合う。

❷考える(15分)
10枚程度の「私」の絵を提示する。今の自分自身に一番近い絵を選ぶ。互いの感じた自分を伝え合い，考えを広げる。

❸試す(45分)
鑑賞活動で，高まった自分の思いややりたいことをもとに絵に表す。様々な描き方を試し，より自分らしい作品に高めていく。

❹みんなで見る(15分)
互いの作品がどう見えるか伝え合うなど，互いに評価し合うことで，次の作品へ向かう意欲を高める。

この題材で大切にしたいこと

授業においては，表現する場と同じくらい鑑賞の場が大切だと思います。互いの造形的な見方・考え方をより豊かに育てます。同じ絵に対し，互いにどのように見えているのか，自分と同じ見え方なのかそれとも違うのか，互いの考え方を重ね合わせます。例えば同じ赤の色だけを見ても互いの見たイメージは違います。その積み重ねがつくる力を支えます。

言葉かけのポイント　「みんなの1年先輩が昨年描いた『私』という…」

導入において，「うれしい気持ちってどんな形？　どんな色？」と，様々な形や折り紙の色を提示して，互いの感覚の違いを感じながら表現につなげるなどの言葉かけなども有効でしょう。一人一人の作品へのイメージを高めるため，互いの思いつきをまず形と色で出させてみます。

授業ライブ（導入の場面で）

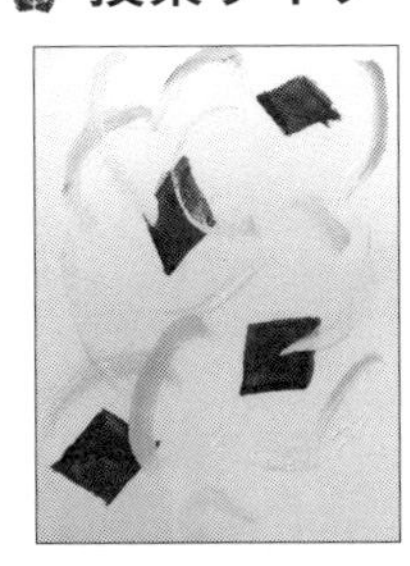

カード大の抽象的な絵を１枚提示しました。１つ上の先輩の絵。子どもたちは自分の今の立場を重ね，次のようにその思いを読み取ります。

みんなの１年先輩が昨年描いた「私」という絵です。どんな私かな

C1　飛んでいきたい感じ，羽のようだね。
C2　風を感じるな，いい意味で自由かな。
C3　色が寒色だから寂しいのだと思うよ。
C4　凧のように右に左に揺れてるのかな。
T　なるほどね，この子は何が揺れているのかな。
C5　心の中が揺れてるってこと？
C6　踊りたいくらい浮かれてるのかな。
C7　進路のことだと思うよ。僕と同じだな。
C8　嫌なことから逃げたい感じかな…。

子どもの声を一度教師が集団に返してあげることで，更に仲間の声を呼ぶことが分かります。教師との一対一対応から，子ども同士の対応，そして全員の課題につなげます。教師の言葉は子どもをつなげるきっかけです。感じたイメージをもとに，自分の「私」につなげてもらいました。

同じ「頑張る」という絵なのに形も色も違う。「みんな実は違うものを見ているね」。一人一人の個性，多様性が生まれる図画工作ならではのよさを子どもたちにも実感させます。

（仲嶺）

授業ギャラリー

図１　考えを伝え合う場で，子どもの声を板書

図２　左隅に一点の光？「私の大事な願い」かな

図３　暗い画面に明るい点を　題名は「負けない」

図４　子どもたちの作品は広がった

44 てんとう虫が見た学校

～多様的な視点を育てる～

45分×4時間

子どもの作品「僕，斜めは苦手なんだけどな」

材料 てんとう虫のフィギュア（約３×３㎝）

用具 デジタルカメラ，タブレット PC など

題材の目標

てんとう虫の視点で学校を見る設定で写真を楽しむことを通して，見慣れた景色の様相が変わったり違った視点で環境を捉えたりする。仲間とともに撮った写真にセリフをつけることを通して，造形的な見方，考え方を豊かにし，映像と言葉の関係性を楽しむ。

★授業の流れ

❶つかむ（10分）	❷試す（35分）	❸見る①・つくる①（45分）	❹つくる②・見る②（90分）
先輩が作成した作品を見て，セリフを考える鑑賞遊びを楽しむ中，てんとう虫の視点で見た学校の写真を撮る活動の見通しをもつ。	てんとう虫のフィギュアを持ち，学校の様々な場所に置いて写真を試しに撮ってみる。普段と違う角度の学校の姿を楽しむ。	撮ってきた写真をもとにセリフをつけてみる。仲間と違う視点を共有することで，新たな造形的な見方・考え方の獲得につなげる。	前時での仲間の考え方を参考に，セリフも意識した写真を撮ることを楽しむ。カルタなどのゲームにして，互いに成果を感じ合う。

この題材で大切にしたいこと

見慣れた学校や教室をモチーフに写真を撮る題材です。子どもたち一人一人にとって思い入れのある場所やモノが舞台です。てんとう虫を入れて撮る条件ですが，てんとう虫は当然子どもたち自身でしょう。自分が学校を見ている感覚で子どもたちは楽しみながらファインダーをのぞくでしょう。作品は思い出に近いものも出てくるかと思います。低学年の頃の自分，仲間との思い出を想起しながらとなるでしょう。寄り添いたいものです。

言葉かけのポイント 「写真のてんとう虫くんにセリフを言わせてみよう」

てんとう虫に合わせた接写から出る奥行き感など，いつもの場所が違う形と色などで切り取られます。撮った写真が別の発想につながる面白さにも少しずつ気付いていきます。てんとう虫が見ているというファンタジックな条件設定から，粋なセリフをつけた子どもたちを評価することで，撮ることから言葉の妙にも気付かせたいと思います。

授業ギャラリー

授業ライブ

写真のてんとう虫くんにセリフを言わせてみよう

実践では４人グループに１台ずつのタブレットPCを持たせました。てんとう虫も４匹です。１人での活動も可能ですが，やはり何人かのアイデアを重ねていくのが子どもたちも楽しそうでした。いろいろな写真を試した中，途中の鑑賞では写真の一部分にも注目させました。右の写真を見ての交流では，子どもたちからコミカルなセリフが出てきました（図２C１～C３）。

互いの作品の鑑賞からセリフを考える視点を与えたことで，楽しみながら仲間の作品に関わろうとする姿になりました。第２次では，仲間のアイデアを取り入れながらセリフの考え方にも工夫が見られるようになりました（図３・４C４～C７）。

子どもたちの作品は１人当たり複数枚となります。タブレットPCで見せ合ったり，プロジェクターを使って一斉に見合ったりするのに加え，実践ではプリントアウトして，絵札と読み札にしてカルタ形式で楽しませてみました。より多くのお互いのアイデアを味わうことができました。(仲嶺)

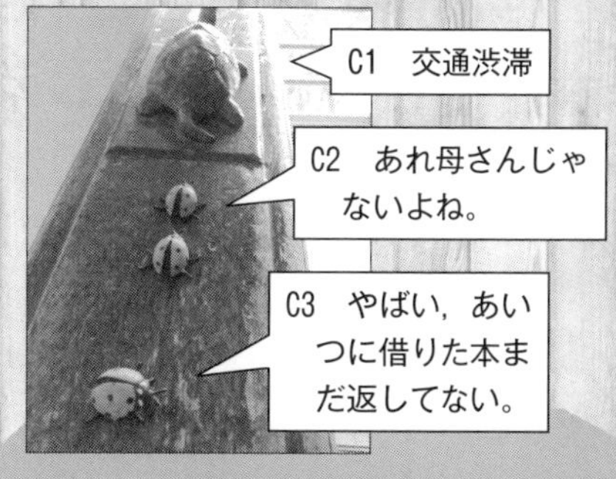

図２　写真を部分的に着目させる

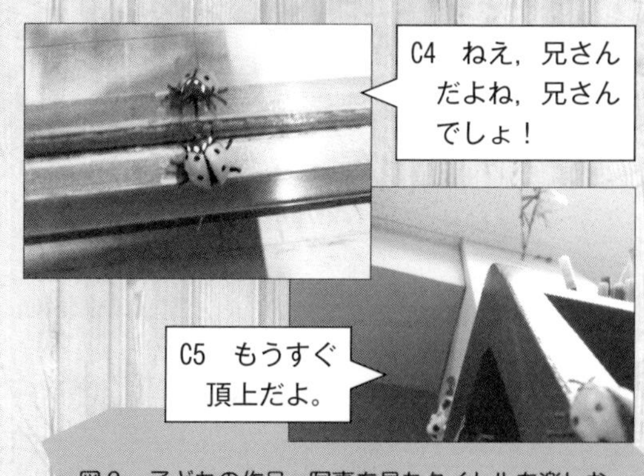

図３　子どもの作品　写真を見たタイトルを楽しむ

図１　より多くの作品を楽しく鑑賞する

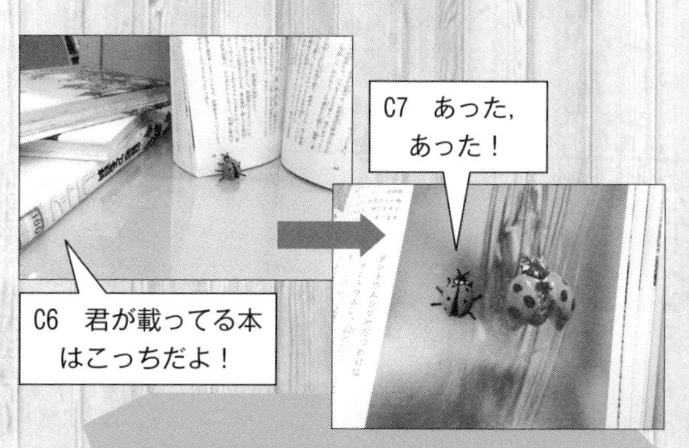

図４　子どもの作品　２コマ漫画ふうにつなげた

仲間に理由を語る

45 自分はここにいる
～「アルンハイムの領地」1962マグリットの鑑賞から～

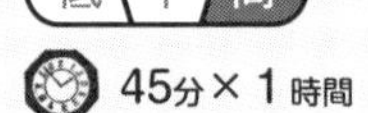
低 中 高

45分×1時間

アルンハイム（略図）

材料　なし

用具　PC（アルンハイムの領地），ホワイトボード，ワークシート，磁石

題材の目標

自分が絵の中にいるという仮定から，描かれているものを手がかりに発想・構想を広げ，互いの気付きを交流させ感じたよさを取り入れたりなどして，よりよい自分らしさを深めていくことができる。

★授業の流れ

❶つかむ（10分）	❷試す（10分）	❸関わる（15分）	❹見る（10分）
互いが共通して絵に見えるものを手がかりに，自分が絵の一部分であるという条件をもとに絵を見て，初発の理由を考える。	活動の条件から，自分は絵のどこにいるか決め，自分の明確な理由をもつ。自分の立場を磁石を置くことで示す。	自分と違う場所に磁石を置いた仲間の理由を聞いたことから，より自分の考えを深めていく。	チームごとにホワイトボードを使って互いの考えを聞き合い，みんなで新しい提案を探る。

この題材で大切にしたいこと

手前の石垣塀の上の巣の中に複数の卵，月明かりの夜の山，山頂の鷲の頭のような塊などが見えます。鑑賞の場において，なぜ自分はそう考えるのか根拠をもち，絵，仲間と対峙させます。自分らしい考えの深まりを目指し，次の４つの具体的な手立てを用意しました。

①対象を見る明確な視点（自分が絵の中にいる）の設定
②磁石を絵の上に置くことによる，互いの立場の視覚化
③ホワイトボードを使っての，互いの立場とその変容の視覚化
④自己評価につなげるワークシートへの記載

言葉かけのポイント　「この人の考えを聞いてみたい子は？」

鑑賞では，見る・考える視点の共有が大切です。実践では自分が中にいるという視点で絵を考えさせることで必要感をもたせました。磁石を直接絵の上に置かせ自分のいる場所を視覚化させることで，考えの違いから自分を高めていこうとする姿をねらいました。

授業ライブ（導入の場面で）

黒板提示の絵と，手元で細部も見られるよう，絵を印刷したワークシートも準備しました。ワークシートに自分のいる場所とその理由も書いてもらいました。下記のような声が上がりました。

T　この絵の中にあなたが入るとしたらどこにいますか？　どんなことを考えているだろうね。

C1　私は月です。全てを照らす細くても温かな存在でありたい。

C2　僕は卵の中にいる。今の５年生はまさにその時だと思うから。

> 友達の置いた磁石の場所を見て，この人の考えを聞いてみたい子はいますか？

授業ライブ（展開の場面で）

大方の子どもたちが月や鷲，卵の中だと考えました。意外な場所に磁石を置いた仲間の声を聞きたくなりました。

C3　僕は卵がのっているこの石垣の割れ目にいる。割れ目を埋めている接着剤だよ。僕がいなきゃ石垣が壊れて卵が割れる。人を支える重要な役割でいたい。

仲間の深い考えを聞いて考え直した結果，絵をもう一度みんなで見直します。考えた結果１か所に磁石を置くことができないという子が出ました。

C4　この絵全体が私の人生。卵は２つとも私。最初左の卵から生まれて今まで人に助けられてきました。今日のみんなの話を聞いて，もう一度右の卵から生まれ変わってみんなを助ける側に立ちたいと思った私がいます。道は険しいけど，負けずに山に上りたい気持ちです。

（仲嶺）

授業ギャラリー

図１　磁石で自分の立場を明確にする。視覚化することで仲間の考えと自分の考えの違いが一目瞭然となった。意外な仲間の考えの理由を聞きたくなる

図２　ホワイトボードで視覚化。考えが深くなった

図３　自分の最初の考えが変わった理由を言う

46 パスタマシーン版画

気に入った作品の「好きな理由」が言えるかな？

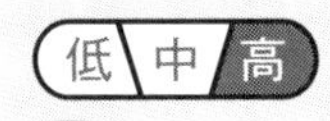
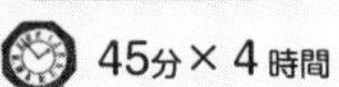
45分×4時間

※製作の手順が
HPから見られます。

材料 ハガキかＡ6サイズの紙，ガーゼや網戸の網など凸凹のあるシート，のり

用具 パスタマシーン，カーボン紙（赤，青，黒），ギザギザばさみ，額またはPP袋

題材の目標
紙を中心材料とした版表現を，自分が美しいと感じるように試し，自他の表現を参考にし合いながら常によりよく更新しようとする。

★授業の流れ

❶出会う（10分）	❷試す（35分）	❸見る①（15分）	❹見る②・表す（120分）
パスタマシーン版画の方法を知る。	台紙に貼る紙の厚さ，材料の材質感，カーボン紙の色や組合せ，あて紙の厚さによる圧力など，様々に試して作品づくりする。	「額を２枚ずつあげるから，現在のマイベスト作品を飾ろう」という声かけで，試行中の作品を見つめ直すきっかけをつくる。	よりよくできたと思う作品を額に入れ直したり，友達に見せたりしながら，表現と鑑賞を一体化させて活動を進める。

この題材で大切にしたいこと

版づくり自体は，中学年でもできる簡易な内容です。本活動では，刷りの多様性や偶然性からの気付きを自分なりに活用して表現を追求することが大切な内容となります。

言葉かけのポイント　「額を２枚ずつあげるから，現在のマイベスト作品を飾ろう」

思いどおりに試せたものや，予想とは違う結果になった試しが増え，机の上に作品が並んだり重なったりし始めます。額を２枚ずつ与えることで，その中のマイベスト２作品を額装して立たせます。「自分の作品はどれがいいかな」という自己の振り返りが生まれます。同時に，近くの友達の作品にも目が向きやすくなります。「それ，きれいだね」「どうやったの？」「私も逆さまにして２度刷りしてみようかな」など，コミュニケーションのきっかけとなります。２枚をセットとして対比や連作の意識をもつ子どもも現れます。

授業ライブ

試しの活動が進み，２，３枚ずつの作品が生まれ始めましたが，机の上は，どれが「作品」なのか「版」や材料なのか分かりにくい状態です。

T　すてきな作品が生まれてきたね。

額を２枚ずつあげるから，現在のマイベスト作品を飾ろう

C1　わあ，きれい。どれを入れよう。

C2　私はまだ２作品だから，両方だね。

C3　もっといい作品ができたらどうするの？

T　額の中のベスト２をどんどん交換できたらすごいね。

C4　○○さんのは，右と左が対称的できれい。

C5　どれを入れようか，決まらないなあ。ねえ，どれがいいと思う？

C6　○○くんのは赤い模様の上に青い形が重なって，奥行きがあるというか…。どうやったの？

C5　あて紙が足りなくて赤がかすれちゃったんだ。だから，その上に青を重ねてみたんだ。

次の週，つまり３時間目の冒頭には，前時の作品を写真撮影したものをモニターに映し，全員で鑑賞しました。「あーっ」「すごい」等，声が上がります。声が上がった理由を問うと，形，位置，傾き，重なり，重ね刷り，繰り返し，余白，太い・細い，濃・淡などの造形的な要素が言語化されましたので，それを板書しました。この言葉は子どもたちによるよさの価値付けであり，彼らが生み出した知識・技能でもあります。その後の活動でも，板書した単語が子どもたちの表現に応用されていきました。額の代わりにＡ６かハガキサイズのPP袋に入れて洗濯ばさみを足にする方法（右図）もあります。

（北川）

授業ギャラリー

図１　こっちのほうが，重なった感じがきれいかな

図２　今度は，少しずらして２色を重ね刷りしてみよう

図３「どれを選んだの？」「逆さにして２度刷ったんだ」「濃い刷りの奥にある淡い色の刷りがきれい！」

A6かハガキサイズのPP袋

47 つながりマイコレクション

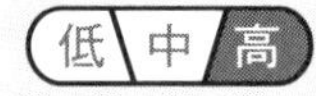

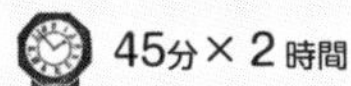

水面のあるイメージを集めたよ！

材料 身近な雑誌などの印刷物，アートカード（美術作品が印刷されたカード），画用紙

用具 はさみ，のり，身近な描画用具（水性カラーペン，色鉛筆）

題材の目標
自分で決めた視点をもとに，身近なイメージをコレクションする。

★授業の流れ

❶視点の理解（20分）	❷視点をもつ（10分）	❸集める（40分）	❹まとめる・見合う（20分）
アートカードの遊びをする。形や色，イメージに着目し，２つのイメージの共通点（つながり）を見つける。	遊びの中で出てきた「つながり」の視点の中で，「もっとつながりのイメージを集めてみたい」と思う視点を１つ決める。	美術作品だけでなく，身近な印刷物の中のイメージにも着目して「自分の視点」でつながりを見つけ集める。	つながりコレクション美術館として画用紙にまとめ，お互いに見合う。

この題材で大切にしたいこと

図画工作の知識として「造形的な視点の理解」が位置付けられました。本題材はそうした形や色，イメージの特徴などの「造形的な視点」を基に，イメージを捉える学習です。アートカードを用いた「形・色・イメージのつながり探し」ゲームです。さらに，「身の回りのイメージ」にも広げていくことがこの学習のポイントです。

言葉かけのポイント 「ゲームの中で，一番印象に残っている『つながり』は何かな？」

導入では，教師が例として２枚のカードを取り上げて，「この２枚の絵の中に，同じような色はあるかな？」「共通するものは描かれているかな？」と造形的な視点のつながりを意識付けます。そして，グループでカードゲームをします。神経衰弱の要領で２枚の絵をめくり，「形・色・イメージのつながり」，つまり共通点を見つけます。造形的なつながりの視点を一人一人がもてるように次のように発問します。「ゲームの中で，一番印象に残っている『つながり』は何かな？」これは，自分で見つけたものはもちろん，友達が見つけたものでも構いません。

授業ライブ

神経衰弱の要領で，形や色，イメージに着目し，2つのカード（イメージ）の共通点（つながり）を見つけるゲームをし，遊んだ後からの展開です（図1）。

T　どんなつながりを見つけられたかな？

C1　～君が「カードつながり」とか変なこと言ってました！

T　最初に「形や色，イメージ」のつながり，つまり描かれていることの中から「つながり」を見つける約束だったもんね（笑）。それでね…ちょっと思い出してほしいんだけど。

ゲームの中で，一番印象に残っている『つながり』は何かな？

C2　～さんの「うずまきつながり」が面白かった。

T　へえ，うずまきの形やイメージが描かれていたんだね。

C3　私は「自然つながり」，森とか木とか，空とか。

T　自然というイメージの特徴に着目したんだね。

C4　僕は，～君が見つけた「カラフルつながり」。

T　それは「色」がたくさんあるってことかな？では，その中で，もっと探してみたい「つながり」を1つだけ決めてください。

この発問によって，子どもたちは自分の視点をもつことができました。その視点を基にアートカードを縮小印刷したものから集め，さらに雑誌など身の回りのイメージへと探求の幅を広げてコレクションしていきました（図2・3）。

（笠）

授業ギャラリー

図1　共通点を見つけるぞ！　説明できるかな？

図2　アートカードを印刷したものから，まずは集めよう！

図3　私は「自然のイメージ」を視点に雑誌からも探すよ！

48 みつけた顔にマークアップ

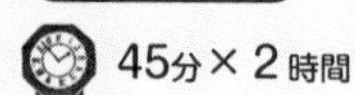

低 中 高

45分×2時間

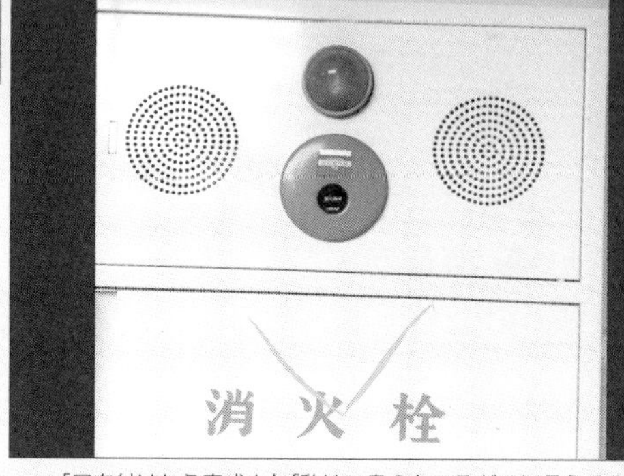

「口を付けたら完成！」「私は，鼻のところが口に見えるよ」
「ほんとだ，それもいいね」

材料　身の回りの環境を使います

用具　タブレット PC

題材の目標
身の回りの自然や人工物から「顔」を見つけて写真に撮り，タブレット PC の中で写真にかき込みをして自他のイメージを具体的に伝え合うことを楽しむ。

★ 授業の流れ

❶つかむ(10分)	❷見る①・表す①(25分)	❸見合う(10分)	❹見る②・表す②(45分)
教室の中で見つけた顔をタブレット PC で撮影し，子どもの意見も聞きながらかき足してみる。「口や体をかき足して，見つけた友達を紹介しよう」	２～４人組で，教室内で顔探しをする。絵を見せ合ったり，アプリの操作を教え合ったりしながら，見つけた顔に絵をかき足して「友達」をつくる。	タブレット PC を見せ合い，相互鑑賞する。特徴的な友達（面白い，小さい，大きい，逆さ，並べてつくった等）は，大きな画面で全員で鑑賞する。	ルールと時間を決めて，教室の外に顔探しに行く。中間鑑賞と同様に，相互鑑賞と全員での鑑賞をして活動のよさを共有する。

この題材で大切にしたいこと

同じ場所に注目しても，見つけた顔を具体的にかいてみると違う見立てだったりすることの意外性や見方の違いを理解し合う活動です。また，タブレット PC で写真に手がきできるアプリを使うことに慣れることも目的にしました。これが簡単にできるようになると，「絵の具たらして（P.50）」のように表現活動や鑑賞活動にすぐ応用できるようになります。

言葉かけのポイント　「口や体をかき足して，見つけた友達を紹介しよう」

子どもは見立て遊びの天才です。机についた絵の具の点々でさえ顔に見立ててしまいます。ところが，口々に「顔を見つけた」と言っていても，具体的に絵をかき足してみると見立てがずれていることがよくあります。「口や体をかき足して，見つけた友達を紹介しよう」の言葉かけは，「僕は，こう」「私は，こう」と，互いの想像や思いを伝え合うことへのいざないです。

授業ライブ

図工室の中で「顔」探しをします。同じものから見立てても，２人の子の発想が違うようです。

T　水道の蛇口も顔に見えるの？　タブレットにかいてみて。

C1　僕は，こう。２つ並んだ蛇口が目で…。

C2　私は違うよ。蛇口の回すところのとんがりが目で，曲がったくだのところがゾウの鼻。

T　同じ場所で顔を見つけても，かいてみると少しずつ違うみたい。だから，タブレットで，

口や体をかき足して，見つけた友達を紹介しよう

C3　ドアの上の小窓が目に見える。

C4　先生の机を逆さまに見たら，机の足がツノに見えた。鬼にしようか，キリンにしようか。

C5　筆箱の中にも見つけたよ。消しゴムが口。

C6　鉛筆３本握ったら，目と目と口ができた。

C7　それ，私なら目と目と鼻で，口はその下…。

タブレット PC のよさは，タブレット PC をみんなで囲んで同時に見やすいことです。その場合は，手に持つよりも机の上に平らに置いたほうがみんなで見やすくなります。テレビやプロジェクターにつないで全員で鑑賞する場面と，タブレット PC を囲んでグループで鑑賞する場面とを目的に応じて使い分けると鑑賞の効果が高まります。

※アプリについて
「絵の具たらして(P.50)」と関連します。写真にお絵かき機能が加わったアプリなら何でも使えます。宮城県で開発されたアプリ「miyagiTouch」もおすすめです。iPadでは写真を撮って，編集→⊙→マークアップと選択すると手描き機能のマークアップが使えます。

（北川）

授業ギャラリー

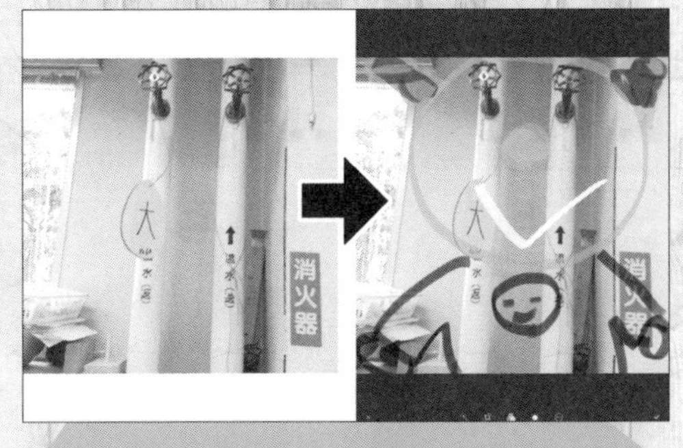

図１　２つ並んだハンドルが目に見えた。カタツムリに見立てた子もいるが，クマに見立てた子も

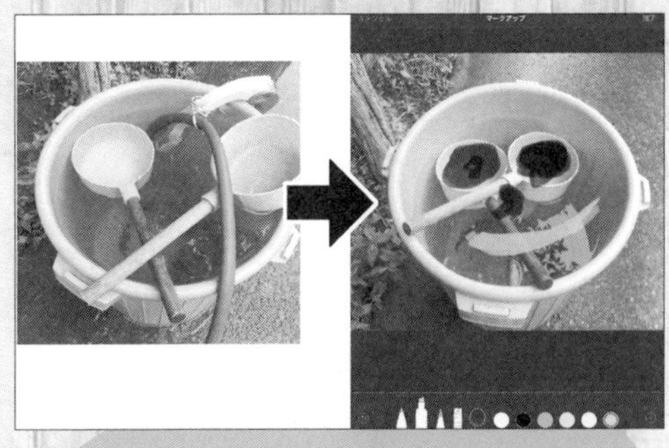

図２　右が iPad のマークアップの画面。ペンの種類や色，消しゴムなどが選べる

図３　ナスの花を持つ右手は黒く塗りつぶして目立たなく。鼻と口をかいて，お友達完成！

49 動き出すねんどくん
～ムービー編～

45分×２時間（※４時間）

ねんどくんが玉乗りに挑戦。おっとっと！

材料　油粘土，ねんどくんの型紙

用具　粘土板，のべぼう，割りばし，安全ピン，iPad（タブレットPCやデジカメ）

題材の目標

立体表現である「ねんどくん」の動きのよさを生かして，グループで想像を膨らませながらコマ撮りアニメをする。

※本書シリーズ本『手軽でカンタン！子どもが夢中になる！筑波の図画工作　指導アイデア＆題材ネタ50』の「動き出すねんどくん」を学習する前だと４時間必要です。

★ 授業の流れ

❶出会う（10分）
ねんどくんを少しずつ変形させて，ストップモーションスタジオなどで撮影して再生して見せる。次いで，参考動画を見せる。

❷試す（20分）
４人組ぐらいで，つくる。20コマ程度の短い動きを試しに撮影する。

❸話し合う（10分）
つくった動画を見合う。なめらかな動きや急な変化に気付く。「なめらかな動きと急な場面転換をうまく使えたら面白いね」

❹表す・見る（50分）
なめらかな動きから瞬間移動へ，などねんどくんのムービーをつくって，タブレットPCの中の映像を相互に見せ合う。

※『手軽でカンタン！子どもが夢中になる！筑波の図画工作　指導アイデア＆題材ネタ50』「動き出すねんどくん」（P.94）

動き出すねんどくん参考画像と動画

ねんどくん変身（動画）

しあわせかぞく（動画）

比べてみよう・導入用画像

この題材で大切にしたいこと

コマ撮りアニメは，４コマ漫画と違って急な場面転換や言語による説明が不向きです。少しずつ動かすことでコマ送りのよさが発揮できます。しかし，場面転換も使い方で瞬間移動や変身などのアクセントとなります。参考作品をヒントに，試しながら気付きながら活動を進めます。

言葉かけのポイント　「なめらかな動きと急な場面転換をうまく使えたら面白いね」

なめらかなコマ撮りの動きは本題材の王道です。急な場面転換が多い試作動画を失敗と決めず，「急な場面転換も生かせる方法があるかも」とアイデアのきっかけとさせたいものです。

授業ライブ

試しの活動を見合って話し合う場面です。少しずつずらしてなめらかに表現できたグループと，動きが急すぎて内容が伝わりにくいグループが現れました。

C1　２班は，動かし方が急でスムーズじゃないね。
C2　忍者が瞬間移動してるみたいにも見える。
C3　参考動画では，瞬間移動の場面もあったよね。スムーズな動きと瞬間移動を使い分けたら…。

なめらかな動きと急な場面転換をうまく使えたら面白いね

T　これまでの試しの動画を生かしてもいいし，新しくつくってもいいよ。画像コピーや削除，移動など，知りたいことは質問してね。
C4　普通に歩く人が加速ボタンを押したら…。
C5　どこでもドアみたいに違う世界に行くのを連続でやってみたい。
C6　それは，みんなのアイデアを足しやすいね。

子どもは，変身や変化を表現するのが大好きです。なめらかな一連の動きの後に，止まったり変身したり，あるいは瞬間移動したりすることで，変身や変化が一層生きます。

一斉鑑賞もよいのですが，タブレット PC が使用できるならグループのタブレット PC を囲んで「距離の近い相互鑑賞」もおすすめです。

※機器・アプリ等のポイント
○デジカメではコマ送りするか，画像をパソコンに送ると矢印キー⊡を押して再生できます。
○ストップモーションスタジオや PowerPointはコマ撮りアニメ作成の優れたアプリです。
○ iMovieが使えれば表現の幅が一層広がります。

（北川）

授業ギャラリー

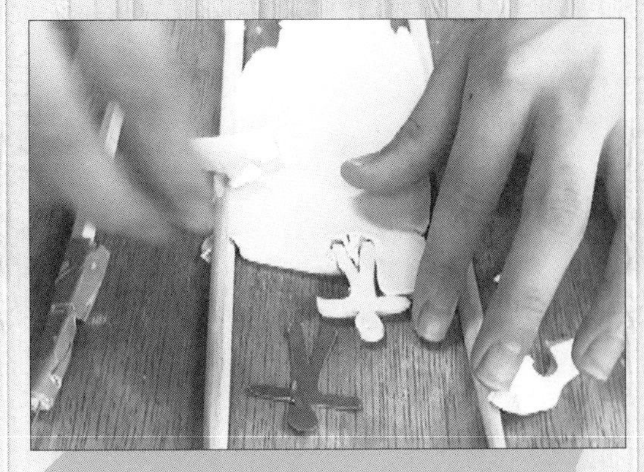

図１　ねんどくんを，いくつつくろうか

図２　「コップによじ登る動きが出せた」「コップの中に瞬間移動したら面白そう」「それいいね！」

図３　ねんどくんは，険しい岩場を越えて旅を続ける…

50 写真遊び

～横と縦のねじれた空間をつくる～

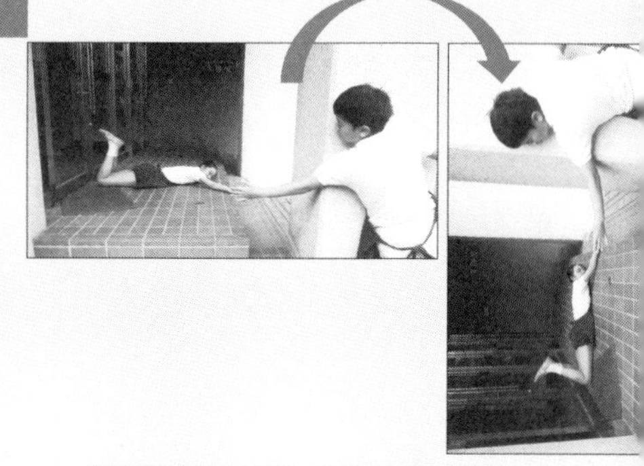

実際撮った写真（左）から作品「助けるぞ」（右）へ

低 中 高

45分×4時間

材料 なし

用具 タブレットPC，デジタルカメラなど（実践ではiPadを使用）

題材の目標

壁と床を取り換えた位置で写真を撮ることで，自分たちと背景の関係性にねじれを生じる視覚のトリックを楽しむ。感覚のズレを生み出す写真を撮る面白さを味わうことを通して，造形的な見方・考え方を豊かに育む。

★ 授業の流れ

❶つかむ（15分）	❷試す（60分）	❸見る①（15分）	❹つくる・見る②（90分）
教師の提示した写真の鑑賞から，その仕組みを探り合い，これからの活動の見通しをもつ。	撮り方・ポイント等を仲間と探り合い，場所やテーマを考え楽しみながら試し撮りをする。	何枚か試したり，互いの作品の途中鑑賞を挟んで気付いたりしたことを，自分たちの作品に生かす。	互いの作品のアイデアから見方・考え方を豊かにし，自分たちらしい作品を追求する。

この題材で大切にしたいこと

導入で教師がつくった画像を鑑賞させ，写真の構造を探り合わせます。あらかじめ90度回転させることを前提とした撮り方，見せ方で，視覚にズレを生み出した写真であること，映り込む手前の紙コップなどのモノは，壁に貼り付けたりした仕掛けがあること，いつもの見慣れた場所が映り込むことで面白さが引き立つことなど，写真の表現方法を皆で分析する姿になりました。４人チームでの活動とし，デジタルカメラやiPadを使用する活動とします。

言葉かけのポイント 「撮った写真を90度傾けて見てみよう」

様々写真を試させた後，下記のようなポイントに気付かせていきたいと思います。

①いろいろ撮った写真の向きを変えてみることから考えるとアイデアが降りてくる

②歩く，走るなどの動きを普通に撮った写真と比べてみるとよりリアル度が追求できる

③より自然な雰囲気になるようなポイントをみんなで指摘し合う（場所・モノ・表情など）

どちらかというと，撮った写真を横に見ることからアイデアが浮かぶ造形遊び的な発想です。思いもよらない作品につながります。子どもたちの気付きをみとりたいと思います。

授業ライブ（導入の場面で）

鑑賞（図１）から以下のようなやり取りを拾い上げました。子どもたちは自分たちなりの見通しをもち，活動に入りました。

C1　あれどうなっているのかな。

C2　よく見ると地面と壁がすり替わっているんだね。

C3　なるほど，撮った写真を90度横にして見てるんだね。

C4　撮った写真を90度横にすることで作品をつくるんだね。逆に考えて撮らなきゃね。

C5　僕らも写真に入れそうだね。

自分たちを主にしたリアルな写真に近づいていく姿となりました（図２C６・C７）。

> 撮った写真を90度横に見ることから考えてみよう

授業ライブ（途中鑑賞の場面で（K君チーム））

C8　階段を逆に使ってみたらどうかな。廊下に寝転がって撮ってみたら面白いかもね。

C9　どれどれ，寝転がるほうはもう少し顎を引いてみたらいい感じじゃないかな。

C10　頭を上げて顎引いて…そうそう，階段降りるところを下から見上げた感じがよりリアルな感じがするな。撮ってみるよ。

K君らは，このようなやり取りで最終的に普通に降りる子も画面に入れ込み，不思議な空間をつくり出しました（図３）。（仲嶺）

授業ギャラリー

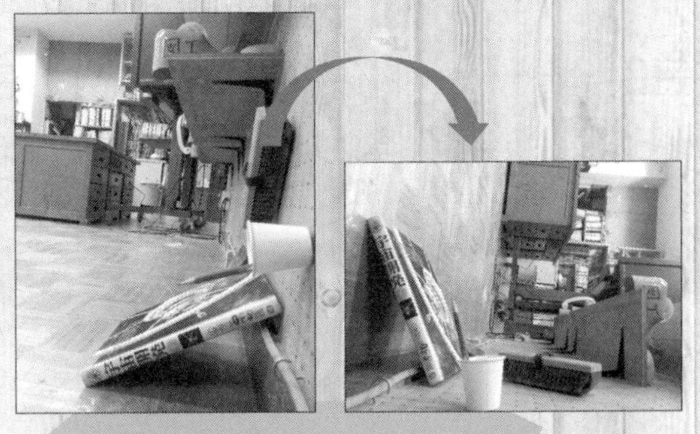

図１　つくり方を探る

図２　作品「空飛ぶほうき」

図３　写真を撮る側の人が指示するといいね

51 どこでもドアから考える

～PowerPointを使ったアニメーション～

低 中 高

子どもの作品　公園と教室がつながった

45分×4時間

材料　ドアのフィギュア（約5×9㎝）をチーム分

用具　PC，iPadなどのタブレットPC，デジタルカメラなど（Wi-Fiの環境にある教室だと更にいいです）

題材の目標

「ドア」を使うファンタジックな世界観からイメージを膨らませ，写真を加工したり著作権に注意してインターネットから画像を取り込んだりなどのパワーポイントのアニメーション機能を生かしてアニメをつくる。自分たちを主人公にしたりなど，互いのアイデアを共有することで造形的なモノの見方，考え方を豊かにしていく。

★授業の流れ

❶つかむ（15分）	❷PowerPointの理解（30分）	❸試す・見る①（120分）	❹見る②（15分）
教師の小作品を見たことから，作品の構造やつくり方を探り，活動の見通しをもつ。	PowerPointの使い方について，知っていることを互いに出し合いながら，作品に生かす技能を高め合う。	自分たちがやりたい方向性を出し合い，その実現に向け互いに関わり合う中，技能を習得し合う。	作品を見合い，互いの成果を共有し合う。互いにやりたいことを出し合う中，次の展望を探る。

この題材で大切にしたいこと

PowerPointのアニメーション機能を生かした題材です。「ドア」の仕掛けと合わせて，作品に自分たちが入ることで関心を高める手立てとしました。実践は2人でPCとiPadを使いました。iPadでなくとも，デジタルカメラで画像を取り入れることも可能です。写真や動画の貼り付け方，写真の余分な背景の消し方などは指導します。

言葉かけのポイント　「「ドア」のフィギュアを生かした映像作品を見てもらいます」

導入の場面では，教師のつくった簡単な作品を見てもらい，子どもたちにつくり方を探ってもらう形で進めてみました。デジタルネイティブの子どもたちが感覚的にICT機能を探っていく力は，教師よりも長けています。授業での教師は，子どもたちと同じレベルで分からないモノを一緒に考えていく感じなのかと思います。教師は子どもたちのつなぎ役に徹しましょう。

授業ギャラリー

授業ライブ（導入場面で）

導入の場でテレビアニメの「ドア」のフィギュア（量販店で購入1000円程度）を見せました。いろいろな場所，場面を作品に取り入れることができ，子どもたちのイマジネーションを膨らませることができるアイテムと考えました。図１のような簡単なアニメーションを見せました。子どもたちの声はつながっていきます。

「ドア」を生かした映像作品を見てもらいます

C1　あっ，ここ図書室だよね。
C2　ドアが開いて…あれ図工室の階段の下につながったよ。なるほど。
C3　あっ○○君が横から入ってきたよ。
C4　これ PowerPoint を使ってるね。
T　PowerPoint のどんな機能が分かればこんなアニメがつくれそうですか？

教師の作品を見た後，上記のように聞きました。子どもたちはもう一度見せてと願います。２回目は技術的に自分ができることの確認と，やりたいことや知りたいことを探る視点で見てくれました。

C5　これは図書室にドアを置いて接写だね。
C6　ドアを開けたところに，図工室の階段を撮った写真を貼り付ける方法が知りたいな。
C7　○○君を横から出すやり方は知ってるよ。でも背景を消す方法が知りたいな…。
C8　画面を切り替えるこの動きは使えそうだな。
C9　ネットからフリーの画像を引いてもいいね。

互いにどんどん発見していく場が大事ですが，どうしても時間がかかります。教師の支援も，機器の使い方をともに考えることが大切です。ICT を生かす題材開発はこれからです。（仲嶺）

図１　子どもたちに知りたい方法を探らせた

図２　画面が変わるときのキラキラ機能はどうするの？

図３　富士山に来たー！　ってなんだ夢かぁ

【著者紹介】

筑波大学附属小学校図画工作科教育研究部
(つくばだいがくふぞくしょうがっこうずがこうさくか
きょういくけんきゅうぶ)

仲嶺　盛之(なかみね　もりゆき)
沖縄県出身　琉球大学卒業
平成17年　筑波大学附属小学校赴任
見ることは考えることです。シンプルな授業の条件設定の中で，鑑賞の場を大切にすることで子どもたちのアイデアをより引き出し，互いを高め合う授業を目指しています。子どもたちが，形と色などの造形要素を根拠に議論し合う姿がたまらなく好きです。この本では，担任の先生方が取り組みやすい，紙を主材料とした題材を主に紹介させていただきました。

北川　智久(きたがわ　ともひさ)
千葉県出身　千葉大学卒業
平成19年　筑波大学附属小学校赴任
工作やICT活用に特に興味があります。
何かを工夫することは生きがいです。
工夫したことが人から喜ばれると，最高にうれしいです。

笠　雷太(りゅう　らいた)
神奈川県出身　東京造形大学絵画科卒業
平成26年　筑波大学附属小学校赴任
「題材名は原則ダジャレ」が座右の銘。

手軽でカンタン！子どもが夢中になる！
筑波の図画工作　言葉かけ&題材ネタ51

2019年2月初版第1刷刊　©著　者　筑波大学附属小学校図画工作科教育研究部
仲　嶺　盛　之
北　川　智　久
笠　雷　太
発行者　藤　原　光　政
発行所　明治図書出版株式会社
http://www.meijitosho.co.jp
(企画)佐藤智恵・広川淳志　(校正)川村千晶・㈱友人社
〒114-0023　東京都北区滝野川7-46-1
振替00160-5-151318　電話03(5907)6703
ご注文窓口　電話03(5907)6668

＊検印省略　組版所　藤　原　印　刷　株　式　会　社

Printed in Japan　ISBN978-4-18-245916-0